Inteligência Visual e 3 – D

Compreendendo Conceitos Básicos
da Geometria Espacial

Blucher

Gildo Montenegro

Arquiteto
Professor do Curso de Arquitetura da
Universidade Federal de Pernambuco

Compreendendo Conceitos Básicos da Geometria Espacial

Inteligência visual e 3-D
© 2005 Gildo A. Montenegro
1ª edição – 2005
4ª reimpressão – 2020
Editora Edgard Blücher Ltda.

Blucher

Rua Pedroso Alvarenga, 1245, 4º andar
04531-934 – São Paulo – SP – Brasil
Tel.: 55 11 3078-5366
contato@blucher.com.br
www.blucher.com.br

É proibida a reprodução total ou parcial por quaisquer meios, sem autorização escrita da Editora.

Todos os direitos reservados pela Editora Edgard Blücher Ltda.

FICHA CATALOGRÁFICA

Montenegro, Gildo A.,
    Inteligência visual e 3-D / Gildo A. Montenegro –
São Paulo: Blucher, 2005.

Bibliografia.
ISBN 978-85-212-0359-9

1. Desenho – Estudo e ensaio 2. Desenho geométrico 3. Geometria descritiva 4. Inteligência
I. Título.

05-0314   CDD-516.6

Índices para catálogo sistemático:
1. Geometria descritiva: Matemática   516.6

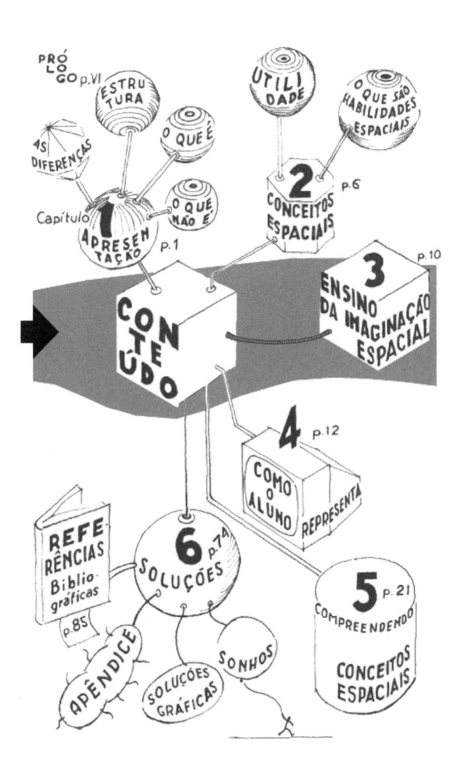

PRÓLOGO

As pessoas, quando colocadas frente a frente com a Geometria Descritiva, dependendo de como esta apresentação for feita, sentem um grande desafio diante do conhecimento provocador e inusitado, algo estranho, diferente e 'solto no ar' ou, ainda, sentem que não entendem nada, enraizando a partir disto duas sensações: insegurança e medo. Podem sentir até pavor diante deste conhecimento – aparentemente – 'difícil', imaginando o que pode advir daí. De fato, fica mais fácil, neste caso, fugir do incompreensível ou simplesmente desconsiderá-lo.

Quando nos referimos às pessoas comuns – qualquer pessoa – pode-se deduzir estas reações. Mas o que dizer daquelas que precisam deste conhecimento para enveredar por seus estudos, em geral nas áreas de Engenharia, Desenho Industrial, Arquitetura ou em uma série de cursos técnicos? Não é possível 'fugir' e elas têm que descobrir - e aí não se sabe, na verdade, como fazem - como conseguir êxito nesta disciplina curricular, sempre básica e inicial dos cursos, para prosseguir neles.

A falta do contato com o desenho desde cedo na escola, a continuidade deste estudo na seqüência da vida escolar, a linguagem extremamente técnica nos (poucos) livros didáticos (adotados) sobre Geometria Descritiva, são fatores determinantes apontados neste precioso livro de Gildo Montenegro, responsáveis por esconder as maravilhas desta fantástica área da Matemática, que propõe problemas e soluções gráfico-espaciais que acabam por explicar as formas e os espaços do mundo real em que vivemos.

Os capítulos e as seções a seguir convidam o leitor a se transformar num aluno diante do mestre Gildo, a iniciar uma viagem, em 'velocidade de cruzeiro', a observar a bela paisagem deste mundo fascinante da GD, como é chamada a disciplina por aqueles que com ela trabalham.

Falar deste livro, que com certeza desperta qualquer leitor para uma viagem cheia de aventuras; falar deste professor – preocupadíssimo com o ensino do desenho desde o início da vida escolar – e do que ele representa para mim, para os colegas de todo o Brasil – e mesmo de outros países – que atuam na área gráfica, para o alunado dos cursos que vêm adotando seus livros é, enfim, motivo de extremo orgulho e prazer! Bravo!

Convido o leitor a começar agora esta viagem – na verdade um passeio alegre e divertido - que faço questão de fazer de novo... Vamos juntos?

**Regina Kopke
Juiz de Fora, MG
Julho de 2004**

Agradecimentos

Minha primeira palavra de reconhecimento é para Edson Rodrigues de Santana, Professor de várias disciplinas no Departamento de Desenho da UFPE. Sensível ao estado de orfandade geométrica de seus alunos, ele abriu espaço, em suas aulas, para os exercícios que constituem este livro. Não somente isto; ele deu apoio e sugestões valiosas no decorrer do experimento, leu os originais e apresentou observações que permitiram aperfeiçoar o texto.

Fico, ainda, muito grato aos alunos e alunas que participaram das primeiras aplicações dos exercícios. Suas dúvidas e suas observações permitiram redigir um texto mais coerente com o espírito geométrico e fazer desenhos mais claros.

Dedico uma palavra especial à Professora Regina C. M. Kopke, da UFJF, autora do Prólogo, não pelas palavras com que descreve minha atuação como Professor, mas, sobretudo, por dezenas de comentários e correções que foram incorporados ao texto, como se meus fossem. Antes que se estabeleça a norma de fazer registros bem precisos da co-autoria de obras acadêmicas, Regina tem, nesta obra, lugar de destaque.

Outra pessoa que me poupou de publicar eventuais descuidos foi a Professora Cristiana Maria Sobral Griz, Professora Substituta do Departamento de Expressão Gráfica da UFPE e Mestra em Desenvolvimento Urbano pela UFPE.

Um ex-aluno, depois amigo e colega de trabalho, o arquiteto Ernesto Vilaça teve oportunidade, neste livro, de mostrar sua sensibilidade artística e seu domínio de gráfica computacional ao tratar vários esboços meus como peça de arte, desmitificando a idéia do desenho computacional seco, rígido, padronizado e sem arte. Agradeço ao Ernesto por esta lição.

Por fim, quero agradecer ao Engenheiro Edgard Blücher pelo endosso à feitura deste livro, conhecendo-lhe apenas o assunto. Sua sensibilidade editorial foi, há muitos anos, o ponto de partida para a minha carreira como autor. Que começou com o "Desenho Arquitetônico", antes uma apostila e hoje um sucesso editorial com mais de 30 edições. Ou 30 reimpressões, como o Edgard diz com precisão.

Gildo Montenegro
Recife, PE, Dezembro 2015
gildo.montenegro@gmail.com

Sobre o Autor

Gildo Azevedo Montenegro foi professor nos cursos de Arquitetura e de Design na Universidade Federal de Pernambuco e ministrou cursos em dez Estados brasileiros. Graduou-se em Arquitetura e fez especialização em Expressão Gráfica. Tem trabalhos publicados em jornais, congressos científicos e revistas técnicas do Brasil e de Portugal. Sua linha atual de estudos envolve aprendizagem, intuição, criatividade e inteligência. Em 2015 fez parte do Comitê Científico do Geometrias & Graphica 2015, realizado em Portugal, e recebeu da Universidade Mauricio de Nassau a Comenda Mauricio de Nassau por serviços prestados em prol da ciência, da tecnologia e do ensino. Nasceu na Paraíba e reside no Recife com a esposa e uma filha; dois filhos moram fora de casa e outra filha reside no exterior.

Livros do Autor
1 Publicados pela Editora Blucher, São Paulo:
   Desenho Arquitetônico, 1a edição em 1978, 4a edição em 2002, 31 reimpressões;
   Desenho de projeto, 2007, 6 reimpressões;
   A Perspectiva dos Profissionais, 1ª edição 1983, 2ª edição 2010, 5 reimpressões;
   Ventilação e Cobertas, 1984, 10 reimpressões;
   A Invenção do Projeto, 1987, 9 reimpressões;
   Geometria Descritiva – vol. 1, 1991, 10 reimpressões;
   Geometria Descritiva – vol. 2, 2015;
2 Publicado pela sCHDs Editora, Santa Maria, RS:
   Habilidades Espaciais: **Exercícios para o despertar de ideias**, 2003.

Apresentação

- ## As diferenças

Em que aspectos este livro difere das demais obras sobre Geometria Descritiva?

Há muitas diferenças. Aqui apresentamos uma seqüência psicológica dos assuntos, ou seja, os problemas vão surgindo, a partir da assimilação de conceitos básicos da geometria espacial, e a compreensão do leitor evolui passo a passo; ou de exercício para exercício.

A segunda diferença é que o livro aborda diferentes sistemas de representação, sem se ater exclusivamente à geometria mongeana. Isto dá flexibilidade à representação e ao processo de raciocínio.

Outro diferencial é que o leitor raciocina por si próprio, utilizando aquilo que ele já conhece, a fim de chegar ao degrau seguinte. Não há épuras para serem decoradas e nem raciocínios de terceiros para serem repetidos e engolidos, às vezes, sem mastigar.

A quarta diferença é que esse raciocínio, o do leitor, é, em geral, expresso por meio de esboços ou diagramas e somente depois será representado por meio de traçados a instrumento. É, em linhas gerais, o que acontece com um projeto de arquitetura ou de engenharia, onde o desenho a instrumento é a etapa final do raciocínio ou do trabalho criativo.

Uma quinta diferença no livro é que ele aprofunda a discussão dos efeitos da ausência do desenho e da geometria espacial no ensino fundamental e médio e de como isto se reflete sobre as altas habilidades ou inteligência do aluno.

Uma outra diferença é que os exercícios são seguidos por orientação para o professor ou para o aluno ou leitor na discussão do problema e na busca de soluções. E, finalmente, os resultados obtidos em sala de aula são comentados e partilhados na leitura.

● A estrutura do livro

O Capítulo 1 apresenta os objetivos do livro, o que ele é e aquilo que ele deixa para ser estudado ou analisado posteriormente; mostra, ainda, as diferenças entre esta obra e as que tratam do mesmo assunto.

O Capítulo 2 expõe algumas das utilidades dos conceitos sobre o espaço tridimensional e o que se entende por habilidades espaciais.

No Capítulo 3 estão propostas para o ensino da imaginação espacial e, no Capítulo 4, há uma análise de teste planejado para conhecer a bagagem geométrica de alunos ingressantes na universidade: de que maneira eles representam o espaço e o que estes esboços revelam sobre sua maneira de pensar, perceber e representar o espaço.

O Capitulo 5 é constituído por atividades planejadas para desenvolver a imaginação espacial e as maneiras de representar, por meio de esboços e diagramas, o pensamento em três dimensões.

O Capítulo 6, o último, vem a ser uma exposição de sonhos e prospectivas em relação ao estudo das habilidades espaciais e sua socialização.

Encerra-se o livro com agradecimentos e com uma relação de obras consultadas e de leituras sugeridas.

Apresentação

• O Que É

Este livro expõe alguns meios para que o leitor compreenda conceitos básicos da Geometria de Três Dimensões de uma maneira intuitiva, desenvolvendo conhecimentos novos a partir daqueles que o leitor já possui.

Evitei falar de Geometria Descritiva porque o ensino desta matéria tem sido, em geral, centrado em idéias *logicamente* bem estruturadas; uma espécie de versão dos "Elementos" de Euclides adaptada para três dimensões. Entretanto, o aprendiz que começa a estudar o assunto tende a sentir-se inseguro porque a assimilação da matéria é lenta. Isto é natural, por se tratar de assunto completamente novo; porém, isto não lhe é dito! Ao mesmo tempo, devemos considerar que raras pessoas conseguem sentar pela primeira vez numa bicicleta e logo sair pedalando.

Contudo, a partir da segunda metade do ensino fundamental, o currículo e o calendário letivo são sagrados e não podem esperar que o aluno compreenda a matéria; conseqüentemente, a cada semana aumenta a defasagem entre o conteúdo ministrado e a matéria assimilada. No final do semestre, com alto grau de reprovação, a matéria – quando é dada -- passa a ser vista como difícil, chata e até inútil.

A intenção deste trabalho é apresentar conceitos básicos da geometria espacial, a partir de conhecimentos que o leitor traz, ora do ensino fundamental, ora do ensino médio, ora pelo amadurecimento de sua percepção.

A teoria e a terminologia virão somente após a realização de cada exercício. Cada um deles foi planejado para que o leitor PENSE do seu jeito, sem tentar reproduzir ou acompanhar o raciocínio de um autor/ professor. Não há ênfase ou preocupação exclusiva pelo desenho com instrumentos, pela precisão de traçados ou por decorar épuras. Os termos técnicos surgem pouco a pouco, a partir de esboços e diagramas feitos à mão livre; com a prática dos esboços, o próprio leitor sente a necessidade de traçados mais precisos.

Outra característica do livro é que ele não se fixa em um sistema único de representação; a representação mongeana é aqui e ali substituída por projeções isométricas ou cavaleiras. O objetivo é pensar, raciocinar, compreender e não treinar sistemas de representação; eles vão surgindo implicitamente ou como conseqüência. Assim, cada exercício possui uma representação que será mais cômoda ou mais adequada, a critério do leitor, sem estabelecer previamente este ou aquele sistema gráfico.

Significa isto que o leitor pensa, manipula o lápis, constrói modelos, mentalmente vê projeções antes de desenhar épuras. Há uma inversão, ou subversão, da seqüência lógica da aprendizagem, que é, então, substituída pela seqüência psicológica. Com muito melhores conseqüências para a aprendizagem.

Ao longo do livro, iremos considerar a sala de aula como local de trabalho para o desenvolvimento de conceitos e habilidades espaciais. Com esta orientação, o desenho torna-se um MEIO para desenvolver capacidades mentais, indo muito além da simples memorização.

Consideramos, ainda, que o professor é agente de mudança, o que implica em aceitar a habilidade espacial como uma característica dinâmica de cada aluno; ela nada tem de estática, definida ou estabelecida de uma vez por todas, de acordo com estudiosos da Neurobiologia.

Tomando como ponto de partida o trabalho teórico de pedagogos, psicólogos e cientistas russos da década de 60 – esquecido por razões que dispensaremos comentar – desenvolvemos um teste para alunos ingressantes na universidade e que foi aplicado aos alunos do curso de Arquitetura da UFPE, no 2º semestre de 2003.

O objetivo do teste é avaliar como os alunos representam a tridimensionalidade, uma vez que, no ensino fundamental e no médio, Geometria é assunto da disciplina de Matemática e o Desenho deixou de ser disciplina curricular.

A interpretação daqueles desenhos do teste permite penetrar na dinâmica do pensamento do aluno e analisar seus processos mentais, como se verá no Capítulo 4.

Apresentação

• O Que Não É

Por falta de apoio, deixamos de efetuar análises estatísticas mais profundas e, também, de fazer o acompanhamento da vida acadêmica dos alunos pesquisados.

Este trabalho se abstém de discutir os pontos de vista conflitantes de psicólogos russos (*) e o de Piaget, para quem o papel da instrução escolar é de limitado alcance no desenvolvimento da criança, já que, para o psicólogo suíço, existem estágios determinados de desenvolvimento mental. Preferimos aplicar esforços na crença de que o cérebro e a mente são ambos dinâmicos, como afirmam Vygotsky e Feuerstein. Deixamos aos colegas a tarefa de ampliar e aprofundar o presente estudo, que consideramos como desbravamento de um caminho a ser percorrido por pesquisadores e por professores de sala de aula, em estreita colaboração.

Nesta linha, sugerimos o estudo da habilidade espacial como fenômeno dinâmico, investigando o quanto dela o estudante e o leitor tem no início e em estágio avançado do ensino e desta leitura. Existem distintas sub-habilidades espaciais? Quais? A habilidade espacial pode prever, ou está relacionada com o estudo aprofundado de geometria? Ela está relacionada com a habilidade matemática e com o cálculo de nível avançado? Como a habilidade espacial se relaciona com o sucesso acadêmico do aluno e do leitor? E com o sucesso profissional?

Fica, ainda, por investigar, detalhadamente, que conhecimento de regras para a representação de figuras tridimensionais os alunos assimilam no ensino fundamental e médio. Como e onde absorvem tais conhecimentos?

(*) Por exemplo: Menchiskava, Zelenin, Dorf, Fedorovich, Vas´kova, Marchenko, Tevlin e outros da Academia de Ciências Pedagógicas de Moscou.

Conceitos Espaciais

●Utilidade

Como qualquer outra habilidade mental, os conceitos espaciais são úteis para inúmeras profissões e especialidades. Talvez se possa afirmar corretamente que eles são úteis para todas as pessoas, como se mostra adiante. Muito embora a imaginação espacial seja essencial para arquitetura, desenho industrial e engenharia, ela é necessária para artistas, escultores, médicos, motoristas, pilotos, bombeiros, inventores e para muitas outras atividades.

A geometria de três dimensões, quando mal assimilada, traz dificuldades para a vida acadêmica; não apenas em matemática, mas também em geografia, história, biologia, química e física e outras disciplinas porque diagramas e esquemas visuais sintetizam muitas informações.

Quem teve alguma vez dificuldade de explicar ou de memorizar o acesso complicado a um endereço antes desconhecido sabe que um esboço ou diagrama é extremamente útil. Circula entre arquitetos a idéia de que eles somente se entendem com lápis, papel e desenhos. A pessoa que procura esboçar os compartimentos de uma casa ou a distribuição dos móveis em um ambiente sabe que um rascunho ajuda bastante. Esses esboços somente podem ser feitos como resultado da capacidade de imaginação espacial.

Fica, desta maneira, difícil entender porque o desenho foi excluído do ensino fundamental e do médio e porque ele vem tendo seu tempo reduzido na universidade. A habilidade espacial ou visualização está intimamente relacionada com o sucesso em engenharia e em matemática (McGee, 1979 e Roger Smith, 2002); particularmente, eu acrescentaria aí, pelo menos, arquitetura e desenho industrial, sem falar de outras profissões.

Durante alguns anos, os psicólogos acreditavam que SOMENTE a habilidade verbal era considerada fator de inteligência. Será que este preconceito ficou grudado na mente das autoridades educacionais? Será esta a explicação para a apresentação ligeira no ensino fundamental, para a exclusão do desenho no ensino médio e para a redução do tempo dedicado ao desenho no ensino superior?

A pessoa dotada de boa habilidade espacial pode mentalmente manipular, girar, torcer ou inverter uma figura representada. Se a figura representa um edifício, esta pessoa pode imaginá-lo visto de frente, de lado, secionado ou visto de um helicóptero que dá voltas no prédio.

Ainda que os admiráveis recursos computacionais abreviem a representação e a modelagem virtual de figuras, permanece ainda como privativa da mente humana a criação de projetos; conseqüentemente, o usuário do computador continuará a ser solicitado para compreender como algumas coisas funcionam e para tomar decisões. Especialmente nos casos em que nem todos os dados ou variáveis estão disponíveis ou existem e, no entanto, uma decisão (intuitiva, por certo) deverá ser tomada.

● O Que São Habilidades Espaciais

A função espacial é um processo mental que ocorre quando o cérebro tenta interpretar determinados tipos de informação, como veremos adiante. Enquanto outros tipos de inteligência são, há muito tempo, apreciados pela sociedade, a habilidade espacial é provável e silenciosamente um dos mais vitais aspecto das capacidades mentais humanas. Sem a habilidade de compreender e de interpretar a informação visual, uma coisa aparentemente fácil, como chegar à porta da frente de nossa casa (saindo da sala!), estaria além da nossa capacidade.

O aspecto comum das atividades relacionadas mais adiante é que elas são, em geral, processadas pelo cérebro direito, a porção dele quase consensualmente aceita como responsável pela intuição.

A habilidade espacial não é tida como específica; ela englobaria diferentes tipos de habilidades que procuram identificar relações de posição, direção, tamanho, forma e distância entre objetos. Ela percebe detalhes ou os agrupa em conjuntos; ou os monta em padrões dentro de uma base conhecida, que atende a um determinado uso. Assim, a floresta pode ser vista como um conjunto de árvores ou pode-se ver cada árvore isolada. O estudo da visão produziu melhor compreensão da consciência humana, ao lado de fascinantes interpretações dela.

A habilidade espacial é uma capacidade humana, que pode ser estimulada ou abandonada; neste caso, algumas regiões do cérebro tendem a deteriorar-se ou a serem utilizadas para processar outras funções. Inversamente, a estimulação se faz pela utilização freqüente da capacidade, seja por aplicação direta numa atividade ou por meio de exercícios que envolvem rotação mental de figuras, orientação espacial, reconhecimento de rostos, leitura de mapas, analogia de formas, vistas ou perspectivas de outro ângulo, interpretação múltipla de uma mesma figura, a percepção de padrões que parecem confusos,a velocidade e compreensão da visualização espacial e outros aspectos. Destes exercícios ou quebra-cabeças visuais está repleto o livro "Habilidades Espaciais: Exercícios para o despertar de Idéias" que o autor deste trabalho publicou em outra editora.

Segundo alguns estudiosos, a habilidade espacial inclui a percepção da música, aspectos prosódicos da fala e a interpretação e expressão de emoções. Damos, a seguir, sinônimos ou termos relacionados com a habilidade espacial:

Visualização Espacial

Percepção Visual ou Espacial

Mapeamento Cognitivo

Percepção de Distância ou Profundidade

Ecolocação

Habilidade Psicomotora

Memória Visual

Cognição Espacial

A habilidade espacial assemelha-se a uma cordilheira de montanhas, como esboçada na Fig. 2.1, que apresenta montes ou pontos culminantes, tais como Geometria Bi e Tridimensional (onde predomina a lógica) , Fantasia (onde prevalece a intuição pura) e o monte intermediário da Habilidade Espacial. As linhas tracejadas indicam possíveis domínios fora do terreno hoje mapeado e conhecido.

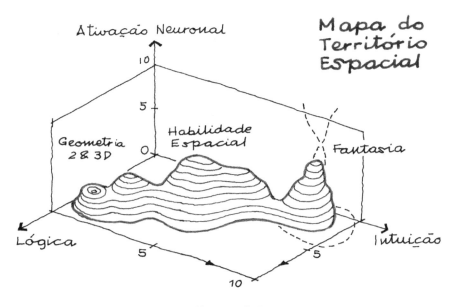

Figura 2.1

O Ensino da Imaginação Espacial

No ensino fundamental e médio, as propriedades de figuras geométricas fazem parte do currículo de matemática. É comum o professor deixá-las para o final do semestre, acompanhando os livros texto, ora porque não domina, ora porque não gosta do assunto, ora porque prefere enfatizar o aspecto lógico-formal da matemática, ora por seguir determinado livro, em prejuízo do lado visual e aplicado. Assim, muitos alunos fazem um estudo abreviado ou deixam de ter aulas de geometria.

Como resultado da deficiência do estudo de geometria, as formas tridimensionais e a relação da geometria com o mundo físico deixam de ser conhecidas. Conseqüentemente, perde-se a noção de que o mundo real é que dá origem aos conceitos básicos da geometria e não o contrário, como se poderia supor.

No entanto, o estudo da geometria somente é útil quando acompanhado de uma concepção **concreta** das figuras geométricas. Com isto, não estamos afirmando que a filosofia ou as abstrações devam ser deixadas de lado; em nosso modo de ver, as experiências concretas irão servir de base para as abstrações. O erudito pode trabalhar invertendo esta ordem; contudo, o principiante poderá ter grande dificuldade para fazê-lo.

No ensino fundamental e médio, os alunos devem trabalhar com modelos sólidos e com material visual. Segundo psicólogos (Deno e outros, 1995), a manipulação tátil (construção de modelos, esboço e montagem de partes) resulta mais produtiva no treinamento dos rapazes e a atividade visual (jogos e TV educativa) é mais adequada às moças. Considerando que existe pouco estudo sobre o assunto, sugerimos a superposição das duas modalidades como maneira de alcançar diferentes estilos de aprendizagem.

Um procedimento útil para desenvolver a imaginação espacial é a solução de problemas construtivos; isto pode ser feito com recurso às projeções ortogonais da Geometria Descritiva (Ver Apêndice). Seu estudo, no entanto, tende muitas vezes a se fixar em regras e convenções mais do que no raciocínio autônomo. Isto pode ser compensado pela ampla utilização de modelos reais (maquetes) e diagramas ou esboços.

Pesquisadores (Braukman e outros, 1991) observaram melhoria significativa na visualização espacial, após 18 horas de treinamento gráfico e com modelos, o que permite atestar a capacidade dinâmica de aprendizagem da habilidade espacial.

Todo o Capítulo 5, adiante, é dedicado à apresentação de exercícios que incentivam, passo a passo, a habilidade espacial do leitor. São idéias que, também, o professor apaixonado poderá usar como ponto de apoio para **criar novos exercícios**, estendendo ou suprimindo alguns deles ou fazendo variações. Assim fazendo, a geometria espacial pode ser assimilada por seus conceitos básicos, intuitiva e visualmente, não por meio de épuras repetidas e nem sempre bem assimiladas.

Como o Aluno Representa

Para analisar a concepção de espaço entre os alunos que concluíram o ensino médio, convidamos uma turma do curso de Arquitetura da UFPE (novembro de 2003), antes de iniciar as aulas de Geometria Descritiva, a submeter-se a um teste. Para deixar os alunos livres de tensão, eles foram informados de que os trabalhos não seriam identificados, não teriam notas e o resultado seria agrupado sob forma de levantamento estatístico.

Daqui por diante escreveremos, muitas vezes, alunas e elas. Contudo, estaremos nos referindo ao gênero humano, que inclui homens e mulheres. Aliás, a turma de 41 estudantes, que serviu de "cobaia" para esta experiência era constituída por 33 mulheres ou, aproximadamente, 80% do total.

Cada aluna/o recebeu uma folha de papel no tamanho A4 para ser dividida em 6 retângulos. Cada retângulo comportaria uma representação, a ser anunciada sucessivamente. Os esboços foram feitos sem a utilização de instrumentos de desenho.

Umas poucas aluna(o)s pediram informação adicional: se a figura poderia ser sombreada ("Fiquem livres") e se haveria limitação de tempo ("Uma hora, no total").

Como o Aluno Representa

1º Teste : o Copo

Anotado o assunto no quadro, pedimos que fosse representado um copo cheio até a metade. Entre 41 alunos e alunas que participaram, as figuras aceitáveis correspondiam a 63% do total; alguns esboços típicos estão reproduzidos nas Fig. 4.1 e 4.2 acompanhados dos respectivos percentuais e são comentados a seguir:

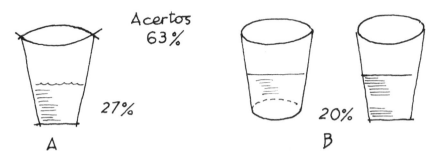

Figura 4.1

4.1.A

Nesta representação, o nível do líquido é indicado por uma reta ou por linha ondulada, apesar de o copo mostrar em perspectiva suas bordas superior e a inferior. Pelo menos uma das bordas não aparece como elipse e, sim, como sendo formada por dois arcos que se cortam; 27% dos esboços tinham estas características, seja na borda superior, seja na inferior.

4.1.B

Embora o copo tenha sido desenhado em perspectiva, o nível do líquido aparece como uma reta. 20% dos esboços eram de um dos dois tipos representados na Fig. 4.1.B.

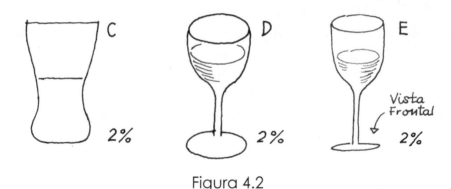

Figura 4.2

4.2.C

Quando o copo aparece em vista frontal, como nesta figura, pode significar dificuldade de representação. Apenas 2% dos trabalhos eram deste tipo.

4.2.D e E

Houve um caso que o/a estudante não conseguiu representar a transição do apoio central para a base. Em um outro caso, essa transição ficou escondida, talvez inconscientemente, no desenho, como se vê na Fig. 4.2.E.

2º Teste: a Mesa

Imaginamos uma mesa retangular; como este detalhe – por lapso nosso – não foi informado para a turma, preferimos deixar sem comentar quatro representações de mesa redonda, ainda que metade delas fosse satisfatória.

Apareceram 18 figuras corretas ou 49%, o que consideramos bom resultado, uma vez que os alunos não tiveram disciplina de desenho em seus estudos anteriores à universidade.

Como o Aluno Representa

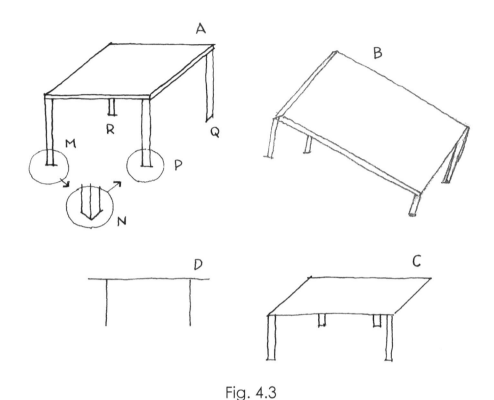

Fig. 4.3

A Fig. 4.3.A engloba diversos esboços com incorreções. No detalhe M, assim como em Q, vemos o pé achatado (29%), tendo apenas duas dimensões. Em N ou em P, ele pode aparecer torcido (14%) ou, como em P e em R, ele é achatado ou ausente, em 5% das figuras. A soma destes erros dá 48%, porém deve-se levar em conta que há ocorrência de mais de um destes erros em um mesmo esboço.

Os pés torcidos denotam conhecimento incompleto da representação espacial e, também, insistência em usá-la de alguma forma. Podemos dizer que não se trata de desenho deformado; deformada foi a escolaridade do indivíduo que nunca estudou desenho. Pés achatados na representação gráfica indicam a persistência do desenho infantil, mostrando a total ou quase total ausência de instrução desenhística, antes da universidade, e a falta que o desenho vem a fazer para o desenvolvimento mental do indivíduo.

O tampo da mesa foi, geralmente, desenhado de maneira correta nestes exemplos; portanto, a(o) aluna(o) sabe representar as três dimensões do espaço, embora não consiga transpor este conhecimento para outras situações ou outros pontos da figura.

Em 4.3.B, vemos uma representação excepcional, ocorrida em apenas um exemplo (3%). Trata-se de típica amostra do desenho infantil, no sentido de falta de experiência em representação gráfica. Em outros dois exemplos (6%), a mesa foi representada como em 4.3.D ou C; ambos os casos podem ser interpretados como dificuldade em representar o espaço: falta de domínio da representação, que – como se observa – deixou de ser treinada na escola. Contudo, a Fig. 4.3.C é excepcional por mostrar os pés de modo diferente quando posicionados à frente ou no plano posterior; nota-se, ainda que o tampo é representado sem considerar sua dimensão vertical ou espessura. Quem desenhou tem boa noção de como é a mesa, porém, sente dificuldade em representá-la corretamente.

Sem considerar mesas de tampo redondo, a que já aludimos, e as figuras de perfil, os alunos preferem a representação cavaleira em 29 casos ou 83%, vindo a seguir a perspectiva cônica (aprendida onde? Seria intuitiva? Muito forte intuição, se for este o caso.) em 3 figuras ou 9% ou a projeção isométrica com igual preferência ou 9%. (O leitor interessado encontrará no Apêndice uma breve explanação dos sistemas de representação gráfica.) Uma vez que os esboços não foram identificados, torna-se impraticável fazer uma entrevista para conhecer onde ou como a perspectiva cônica foi aprendida.

3º TESTE: O AVIÃO

Do total de 41 representações, sete delas, ou 17%, eram de aviões vistos de frente ou em perfil lateral. Entre as restantes, nove figuras, ou 22%, representavam o avião em vôo ascendente e os demais podem ser considerados estacionados ou em vôo horizontal.

Como o Aluno Representa

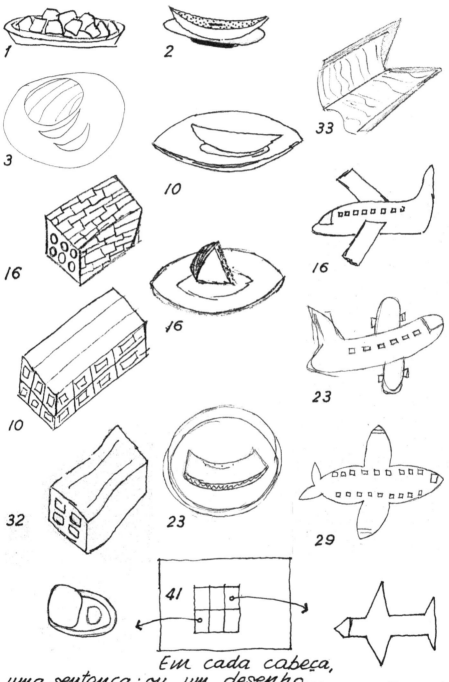

Figura 4.4

Um detalhe a destacar da quase totalidade das figuras (há vários exemplos na Fig. 4.4 e os esboços de números 16, 23, 29 e 41 são típicos) é o seu aspecto infantil, a traduzir inexperiência em desenho e a dificuldade da representação de objetos tridimensionais. O tratamento mais realístico ou elaborado das figuras não aparece senão em 4 desenhos (10%).

Os números que aparecem na Fig. 4.4 referem-se a esboços feitos pela mesma pessoa; assim, o número 16 é mostrado em três esboços produzidos pela(o) mesma(o) aluna(o).

4º TESTE: O MELÃO NO PRATO

O grupo de alunos optou espontaneamente (pode ter havido cochichos!) por representar a fruta inteira, partida ao meio ou fatiada. No primeiro caso foram 19 desenhos (46%), tendo 10 deles o prato representado satisfatoriamente; os demais representaram o suporte em vista superior ou frontal ou fizeram-no deformado. A Fig. 4.4 ilustra alguns destes esboços sob números 1, 2, 3, 10, 16, 23 e 41.

No segundo caso, para o melão partido, foram 23 desenhos (56%). A representação mais adequada da esfera ou elipsóide seria pela aplicação das estrias naturais da fruta ou pelo uso de sombras. Provavelmente, a inexperiência dos desenhantes os fez optar por fazer fatias. Que, inconscientemente, substituem as estrias da fruta e dão o efeito de relevo. As figuras bem resolvidas, sejam cortadas ao meio ou em fatias, correspondem a 11 desenhos (27%) e as figuras insatisfatórias a outras onze. Na Fig. 4.4 há vários exemplos.

5º TESTE: O TIJOLO

Esta foi a figura com maior índice de acertos: 38 entre 41 desenhos, o que dá 93% de acertos. Os desenhos inadequados – alguns aparecem na Fig. 4.4 sob números 16, 10 e 32 – mostram furos em duas faces consecutivas (!) ou apresentam uma vista única.

Não sabemos explicar o motivo de tamanha disparidade de acertos na representação de figuras similares, como o tijolo e a mesa: ambas são prismáticas e ortogonais. Na mesa, 49% de acertos; no tijolo, 93%. Seria pelo fato de o tijolo ser manipulável, de ele ser apreendido num relance visual enquanto a mesa necessita de diferentes visadas e, conseqüentemente, de ter sua imagem montada na imaginação?

Sistema de representação preferido: Cavaleira – 69%
Isometria – 29%
Vista única – 2%

6º TESTE: O LIVRO

A tridimensionalidade está bem aparente em 31 esboços ou 76% deles; os demais mostram imagens achatadas, bidimensionais. Uma rara exceção é o esboço de número 33 na Fig. 4.4: uma representação pouco convencional, dinâmica ou carnavalesca.

Por que tantos(as) alunos(as) acertaram na representação do tijolo e falharam na figura do livro? A diferença de 23% é de difícil entendimento e merece um estudo aprofundado.

• Algumas Conclusões e Muitas Questões

1. Os ingressantes no ensino superior mostram razoável base de conceitos espaciais, em contradição direta com a ausência do ensino anterior de desenho ou geometria.

   Será possível que eles percebam o ambiente tridimensional, porém se sintam inseguros como conseqüência da falta de treinamento em sala de aula? Ou seria a representação espacial, em parte, intuitiva?

2. A imaginação espacial está presente em boa parte dos esboços, apesar da insegurança ou da inexperiência desenhística. Será que a educação formal, predominantemente racional, não conseguiu abafar aquela capacidade? Note-se que as (os) alunas(os) incluídos na pesquisa se situam na faixa etária em torno dos 20 anos de idade.

3. A expressão estética está, pelo menos em forma de tentativa, presente em muitos desenhos.

4. Acreditamos que seja possível, por meio de diferente organização do ensino em seus três níveis e da articulação de disciplinas curriculares, obter competências ampliadas em esboços, apresentação gráfica, geometria e criatividade. Isto **NÃO** depende de mudanças em currículos e em suas grades ou de reformas educacionais. Bastaria a mudança de mentalidade.

A Fig. 4.5 é um diagrama que resume os resultados obtidos no teste.

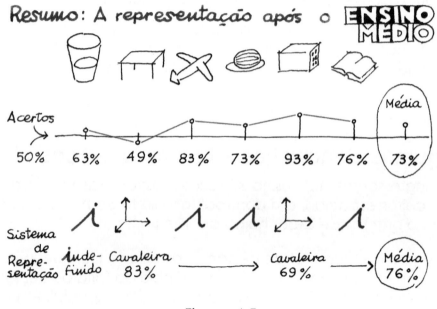

Figura 4.5

Compreendendo Conceitos Espaciais

●Uma Seqüência de Exercícios

A análise da amostragem de esboços feitos por alunos(as) que ingressam na universidade deixa claro que os estudantes têm razoável percepção espacial. Onde eles falham é na **representação** tridimensional; mais exatamente, na direção de linhas paralelas. A Fig. 4.3.A mostrou isto claramente na representação dos pés da mesa, confirmado, com maior ou menor ênfase, em outros exemplos.

Em lugar de apontar o erro ou de apresentar no quadro ou na tela os sistemas de representação gráfica e sua conceituação teórica, preferimos adaptar uma conhecida idéia de Dürer: o quadro, que ele colocava verticalmente, passa a ser um vidro plano inclinado a 45°, como na fotografia da Fig. 5.1.1, ganhando apoio e base novos.

As Figuras 5.1.1 e 5.2 mostram detalhes construtivos de um perspectógrafo, que é desmontável, formado por: A) lâmina de vidro; B) base tendo dois furos e dois calços para o vidro; C) dois apoios laterais, que se encaixam nos furos da base. O vidro vai servir de apoio para um retângulo de acetato ou de celofane, onde o aluno copia o objeto (inicialmente um cubo) colocado sob o vidro; ao retirar seu esboço, o(a) aluno(a) libera o instrumento para outro colega e começa a dar acabamento em sua prancha de desenho.

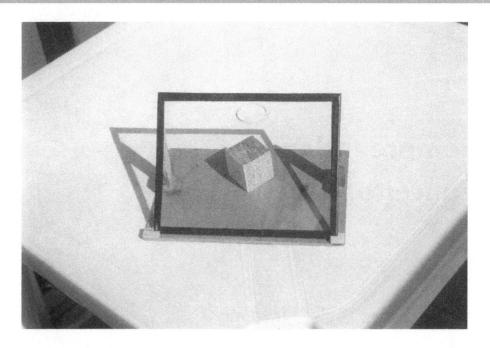

Figura 5.1.1

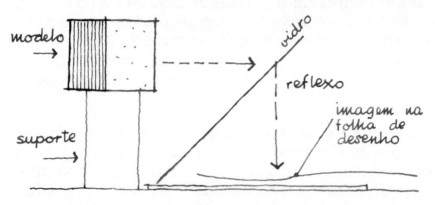

Figura 5.1.2

Compreendendo Conceitos Espaciais 23

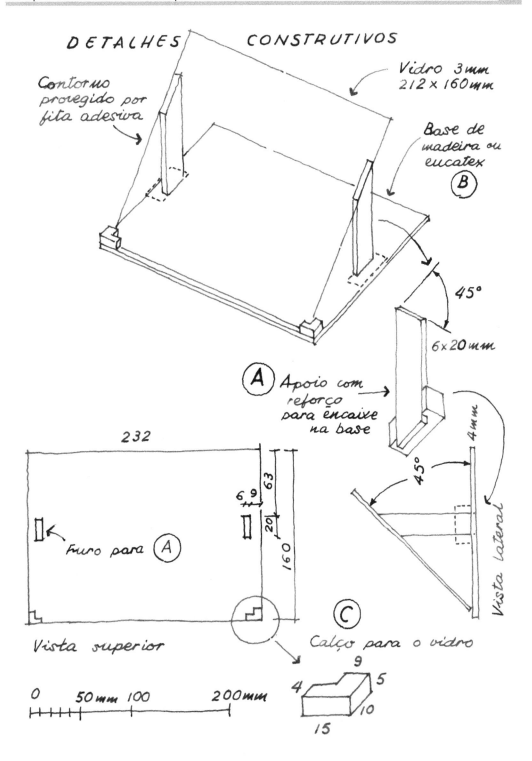

Figura 5.2

O paralelismo das linhas se mantém no celofane; desta forma, ele fica comprovado visual e experimentalmente pela(o) aluna(o). Concretamente! Conforme a direção da visada pode-se ter: 1) uma vista ortogonal; 2) a representação cavaleira; 3) a representação isométrica ou suas variantes. Fica claro que o(a) aluno(a) está diante de (sistemas de) representação que diferem pela inclinação da visada (direção das projetantes). As palavras entre parênteses NÃO serão informadas inicialmente.

Nota-se que:

1) Não se faz referência a eventual traçado feito com erro. Em outras palavras: não se focaliza o erro, o lado negativo.

2) Não se faz apresentação inicial de conceitos abstratos como sistemas de projeção, projetantes e épuras.

3) A ênfase recai no visual e na destreza manual para esboçar.

4) Dá-se oportunidade para a utilização de cores, contraste, textura e sombra. Que a(o) aluna(o) utiliza a seu critério, sem ficar preso a normas.

O item 2 satisfaz a segunda lei da aprendizagem como enunciada por L. Bertalanffy: "Todo conceito novo deve ser **iniciado** a partir de experiência concreta e, só depois, dá lugar à abstração; daí retorna ao concreto e vice-versa."

Planejado para ser utilizado com celofane, o instrumento pode dispensá-lo. Basta aplicar a observação do Professor Edson R. Santana (Departamento de Expressão Gráfica da UFPE) posicionando o papel como mostra a Fig. 5.1.2. Assim, o esboço é feito diretamente em papel opaco sobre a base do instrumento. Copiado o modelo do cubo em diferentes posições, os(as) alunos(as) recebem o primeiro exercício:

Exercício 1:

Representar um cubo em diferentes vistas ou posições.

No final da seqüência destes exercícios, o leitor encontra, dentro do subtítulo seguinte, orientação e comentários relativos a cada um dos exercícios.

Exercício 2:

Faça o esboço de uma mesa, imaginando que ela é formada a partir de dois cubos `aramados´, ou seja, feitos de arame; considere que eles formam uma mesa com quatro pés. Destaque os traços da mesa.

Pergunta-se:

A   Os lados opostos do tampo são paralelos?

B   Há ângulos retos desenhados com outra medida. Qual é ela? Poderia ser diferente?

C   Que conclusão você tira de os ângulos terem sido modificados (ver item anterior)?

D   Você pode representar um cubo em posições diferentes daquelas que foram esboçadas **no exercício anterior?**

Se respondeu SIM, dê exemplos.

Se respondeu NÃO, explique por quê?

Exercício 3:

Visibilidade

Linhas ocultas (não visíveis) são representadas, por CONVENÇÃO, por meio de traços curtos, isto é, linhas tracejadas.

Explique as diferenças existentes nos três sólidos:

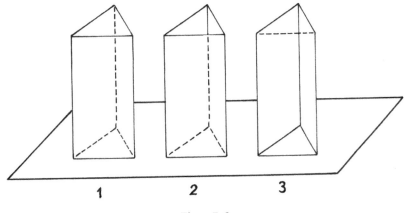

Fig. 5.3

Exercício 4:

Estudo do cubo

No cubo da Fig. 5.4, considere mentalmente (não desenhe nada) o triângulo AMB_1 e determine a medida do ângulo $A\hat{M}B_1$.

Mostre **graficamente** como você obteve o resultado. Evite fazer ou apresentar cálculos.

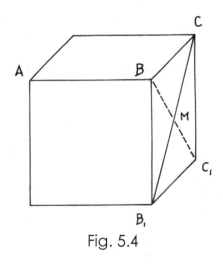

Fig. 5.4

Exercício 5:

Acrescentar no bloco/prisma da Fig. 5.5 o plano que passa pela reta CC_1 e pelo ponto E. Pede-se verificar se $CE > CB_1$ ou se é o inverso.

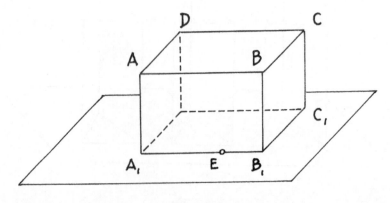

Fig. 5.5

Exercício 6:

Visibilidade

Em que posição deve ser colocado o modelo A, de modo que seja visto como está representado em B, na Fig. 5.6.

Se o aluno demorar a entender, sugere-se recortar em papel cartão as peças C e D (repetida) e armar a maquete da figura; isto se faz pela colagem de peças D, uma em cada lado da peça C, previamente dobrada segundo as linhas internas do retângulo.

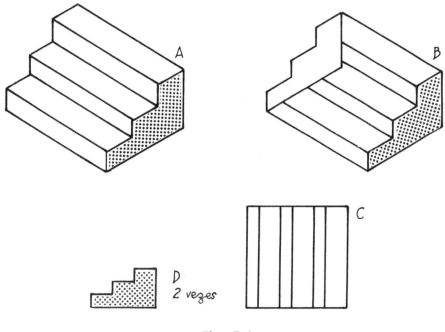

Fig. 5.6

Exercício 7:

Rotação

O plano vertical V é girado até V_1. Pede-se a representação, neste plano, das figuras dadas.

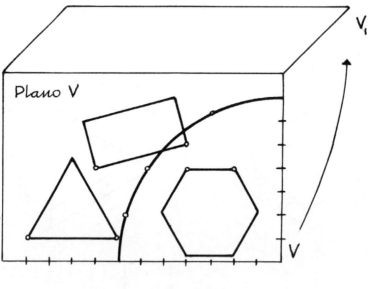

Fig. 5.7

Compreendendo Conceitos Espaciais

Exercício 8:

Copie a Fig. 5.8 e, em seguida, esboce uma vista da mesma, quando ela é observada no sentido oposto ao da seta.

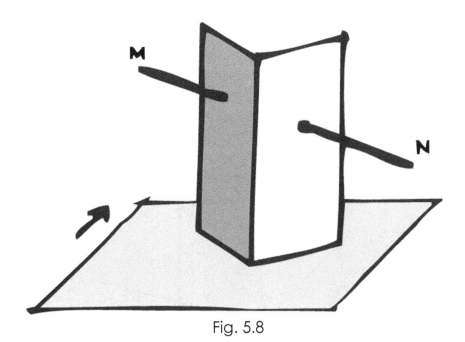

Fig. 5.8

Exercício 9:

No cubo de aresta **a**, pode-se inscrever uma esfera, que não está representada na figura 5.9. O cubo é cortado (secionado; ver Apêndice) por planos horizontais como A e B e por planos verticais como C e D.

Represente cada um destes cortes (seções planas), incluindo a esfera interior que é igualmente afetada pelos cortes, com suas verdadeiras medidas e formas.

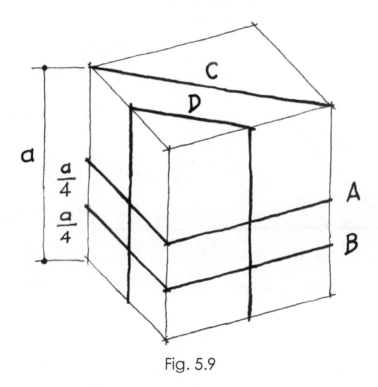

Fig. 5.9

Exercício 10:

Visibilidade

Os planos Q e R se interceptam e estão apoiados sobre o plano P, conforme figura abaixo. Pede-se definir a visibilidade convencional das linhas e, em seguida, fazer novo esboço considerando que o plano P é arrastado até o ponto A em movimento de translação. Como no exercício 3, consideram-se os planos como opacos.

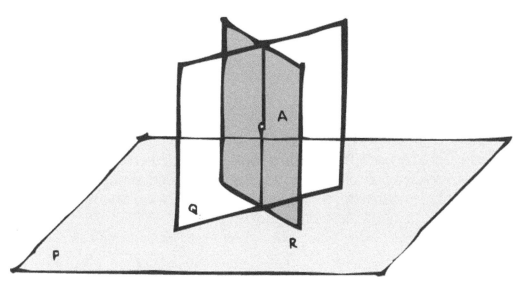

Fig. 5.10

Exercício 11

A Mentalmente girar o quadrado para um plano frontal e classificar o triângulo.

B Fazer a representação das figuras a instrumento: os dados e a resposta.

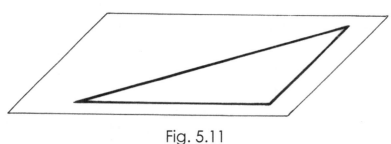

Fig. 5.11

Exercício 12

Reflexão e simetria

Fazer uma representação que seja a reflexão ou simetria da figura dada em relação a um plano vertical que seja simultaneamente, equidistante e paralelo às retas **r** e **s** dos planos M e N, que são interceptados por um terceiro plano P.

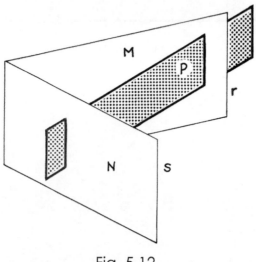

Fig. 5.12

Exercício 13

Estudo do cubo

Sem utilizar traços além dos que estão representados na Fig. 5.13 identificar...

- na pirâmide 1 de vértice D_1:
  - Tipo ou classificação da base.
  - Se a pirâmide é regular ou não.
  - Se as faces laterais são iguais.
  - Se há ângulos retos e quais, nas faces laterais das pirâmides.
- na pirâmide 2 de vértice D:
  - O mesmo acima.
- na pirâmide 3 de vértice V (AV = VD):
  - O mesmo acima.

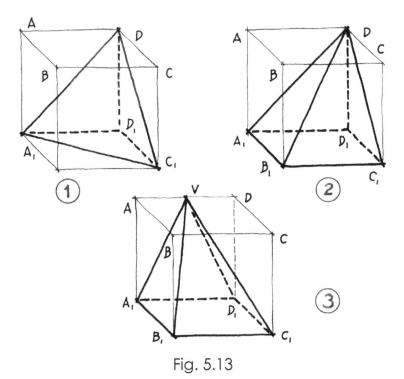

Fig. 5.13

Exercício 14

Rotação

A Fig. 5.14 mostra dois planos: o do quadrado Q e o do retângulo R, que se interceptam.

Esboçar a figura resultante depois que o plano Q é deitado (rebatido) sobre o plano R. Considerar os planos opacos e aplicar textura diferente para cada plano.

Em seguida, representar a figura resultante em sua `**verdadeira grandeza**´ (ver Apêndice).

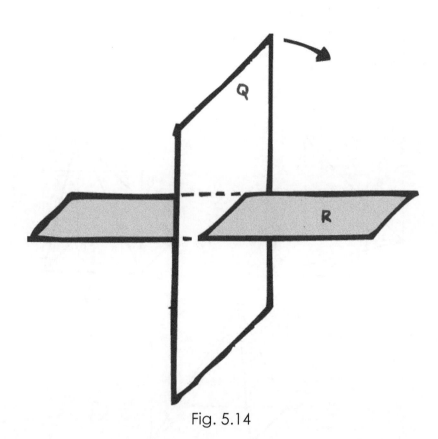

Fig. 5.14

Compreendendo Conceitos Espaciais

Exercício 15

Rebatimento

A figura 5.15 mostra imagens dentro um quadrado no plano horizontal. Como classificar os ângulos de cada uma destas imagens? As semi-retas **a** e **b** formam ângulo e nota-se um arco; como eles serão representados em verdadeira grandeza?

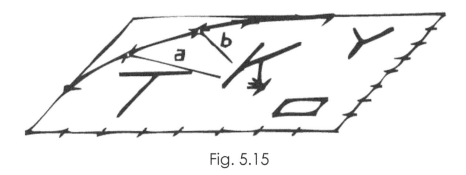

Fig. 5.15

Exercício 16

Rebatimento

Representar em sua verdadeira grandeza o quadrado ABCD e a figura nele contida.

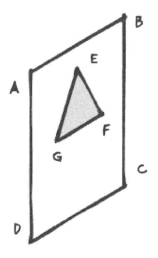

Fig. 5.16

Exercício 17

Rotação

1. Descrever a figura.
2. Girar mentalmente a Fig. 5.17 em torno do eixo dado, de modo que se veja a face externa da parede do fundo.
3. Fazer um esboço deste giro e representar nele a seta que aparece na figura original.
4. Como se representa a figura dada, se seu eixo horizontal for girado de 180° para a direita?

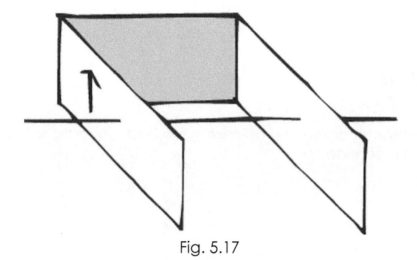

Fig. 5.17

Exercício 18

Seção e corte

A moldura da figura abaixo é cortada pelos planos AB e CD. Representar os dois cortes, considerando que a seção é quadrada e tem largura e altura iguais.

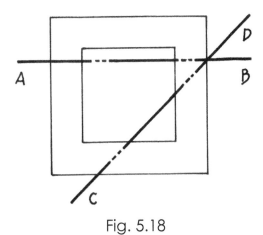

Fig. 5.18

Exercício 19

Seção e corte

A moldura triangular vista abaixo tem seção trapezoidal, sendo a base superior igual a 1/3 da base inferior ou largura. Considerar, na moldura, largura e altura iguais.

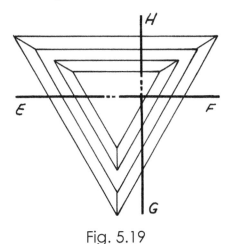

Fig. 5.19

Exercício 20

Estudo do cubo

Um pacote cúbico é envolvido por faixas, à maneira de fita adesiva. As três vistas A, B e C são do mesmo cubo em posições diferentes.

1. Quantas faixas envolvem o sólido?
2. Qual o comprimento destas faixas?

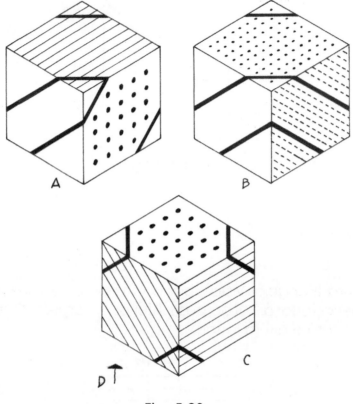

Fig. 5.20

As figuras acima dão origem a outro exercício de aplicação da imaginação espacial: a visada na direção da seta D corresponde à qual das outras duas vistas? Onde colocar na imagem C do cubo uma seta E, cuja direção corresponda à figura diferente da resposta anterior?

Compreendendo Conceitos Espaciais

Exercício 21

Seção plana

As figuras abaixo mostram poliedros secionados por planos verticais. Podem-se usar outras palavras para descrever as mesmas figuras: dois prismas retos aparecem secionados por um plano vertical.

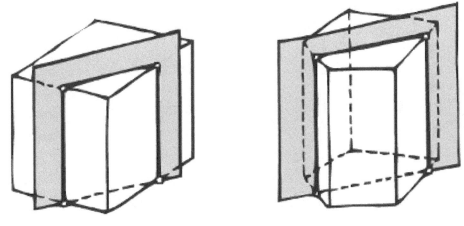

Prismas secionados

Fig. 5.21.1

A Fig. 5.21.2 mostra um cubo secionado por um plano oblíquo definido por duas retas A e B e de que modo se obtém a verdadeira grandeza: na figura, uma vista frontal permite encontrar a verdadeira grandeza da reta B, que é B_1; a solução final da seção plana aparece na figura à direita.

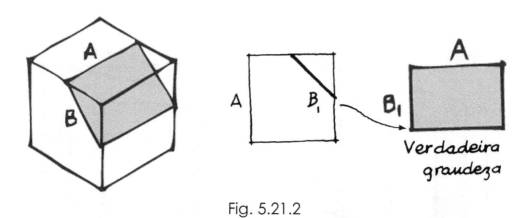

Fig. 5.21.2

Na Fig. 5.21.3, abaixo, propõe-se ao leitor encontrar, em cada um dos três cubos – M, N e P – a seção plana definida por duas retas dadas. O terceiro cubo, que inclui as retas DE e BF, contém problema que exige boa formação em Geometria Descritiva e pode ser deixado de lado por aluno/leitor principiante, pois exige conhecimentos que não foram apresentados até aqui. Convém, pois, que se passe para o exercício seguinte, se o leitor não tiver ao seu lado pessoa que o oriente.

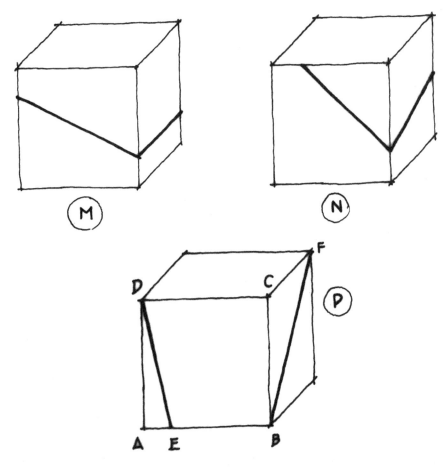

Fig. 5.21.3

Exercício 22

Seção plana

Deve-se, inicialmente, dispor de modelos ou maquetes de cubos feitos de material que se deixe riscar; sugere-se isopor, sabão em barra, argila úmida, massa de modelar ou similares. O aluno imagina uma seção plana qualquer num cubo, traça no modelo esta seção e permuta, aleatoriamente, seu cubo pelo de um outro colega.

Cada aluno fará a determinação da seção plana indicada por seu colega e ambos discutem as respostas, que podem ser conferidas por meio do corte efetivamente produzido no modelo.

Este exercício pode ser modificado para cortes que dividam o cubo em partes iguais, gerando quase infinitas soluções a depender da imaginação; ver exemplos na Fig. 5.22). Outra alternativa é resolver na maquete o terceiro problema da Fig. 5.21.3 (cubo P) e representar a seção em traçado a ser feito com instrumentos.

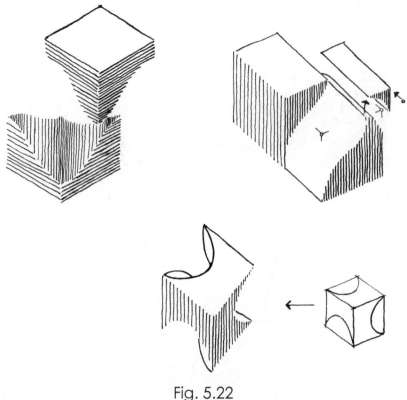

Fig. 5.22

Exercício 23

A, B e C são pontos do plano horizontal e VC é uma reta vertical. Representar a figura que resulta da ligação dos 4 pontos por meio de retas.

Definir a verdadeira grandeza de cada face.

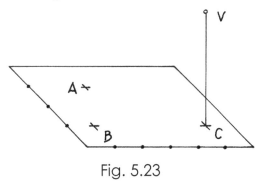

Fig. 5.23

Exercício 24

Retas e planos

O plano R, oblíquo em relação a P, passa pelo segmento EF.

1. O prolongamento da reta EF intercepta o plano P?
2. A reta BC pode ser paralela a EF ou elas se interceptam? Onde?
3. Como traçar no plano P uma reta que seja paralela ao plano R?

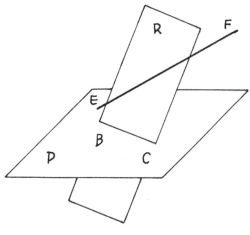

Fig. 5.24

Exercício 25

Interseção de reta e de prisma

Passar pelo ponto B da face M uma reta, que seja paralela ao plano H e que intercepte a face N.

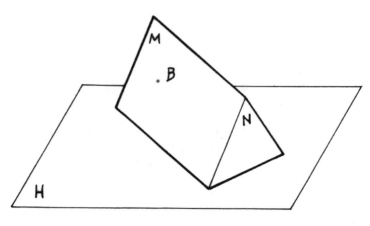

Fig. 5.25

Exercício 26

Interseção de reta e de cubo

Representar uma reta que passa pelo ponto B, sobre o cubo, e que seja paralela a MN, definindo sua visibilidade.

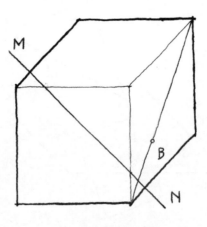

Fig. 5.26

Compreendendo Conceitos Espaciais

Exercício 27

Achar a interseção de uma reta, contida no plano vertical AB, com o cubo formado por camadas. Pede-se a representação do corte.

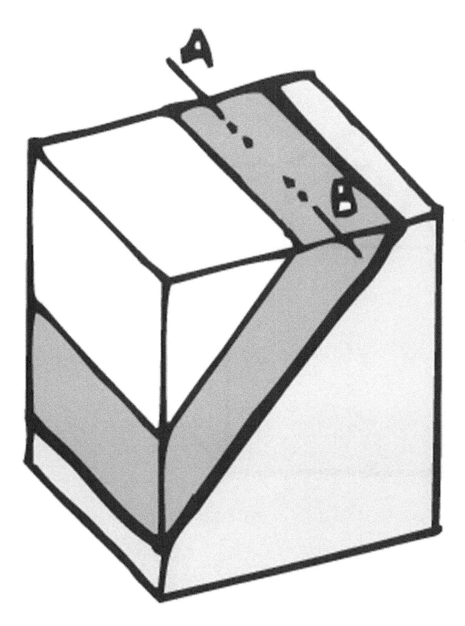

Fig. 5.27

Exercício 28

Interseção de triângulo e de cubo

Completar a interseção do triângulo com o cubo. Em seguida, prolongar o triângulo até encontrar o plano da base do cubo e representar esta interseção.

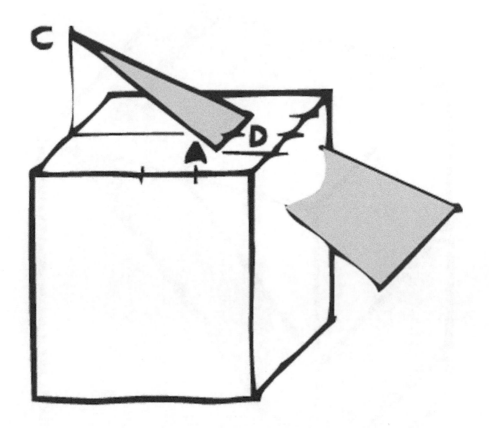

Fig. 5.28

Exercício 29

Trata-se de problema idêntico ao anterior com novos dados.

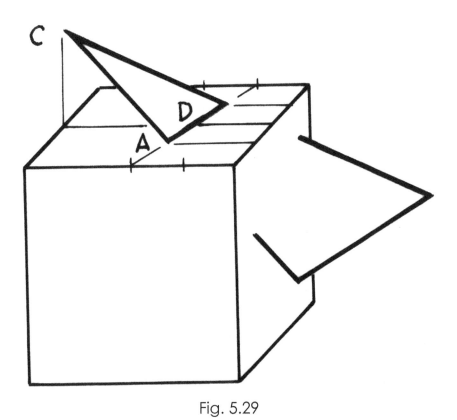

Fig. 5.29

Interseção na Pirâmide

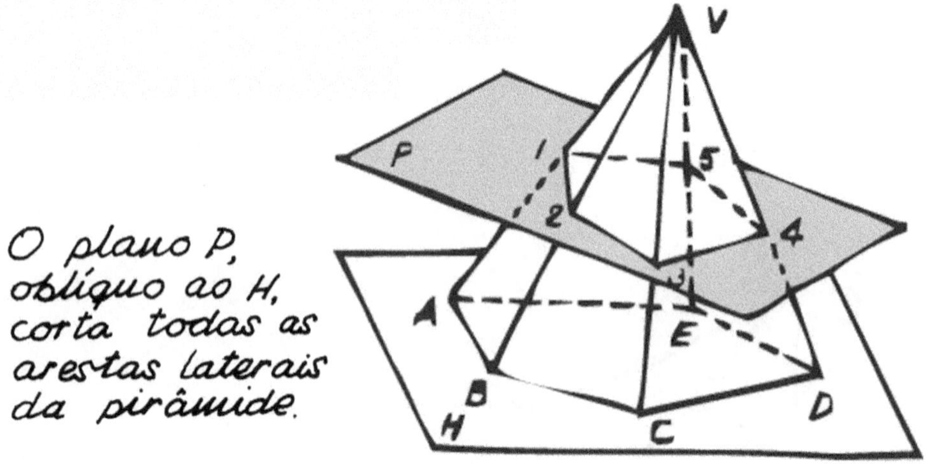

O plano P, oblíquo ao H, corta todas as arestas laterais da pirâmide.

Fig. 5.30.1

O plano vertical P corta a base em dois pontos.

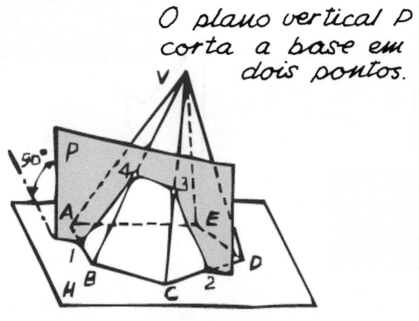

Fig. 5.30.2

Na figura acima, vê-se o plano vertical P interceptando a base da pirâmide e algumas de suas arestas laterais.

Compreendendo Conceitos Espaciais

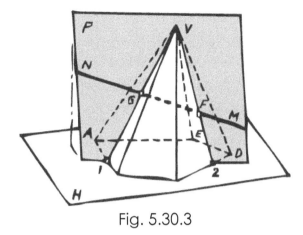

Fig. 5.30.3

A figura acima assemelha-se à anterior sendo, porém, o plano P oblíquo em relação ao plano horizontal H. Depois de examinadas as figuras anteriores, propõe-se o problema relativo à figura adiante.

Exercício 30

1. Confirmar se D e E são pontos da interseção.
2. Determinar a projeção horizontal da reta MN sobre o plano horizontal.
3. Examinar se a reta MN é paralela ao plano horizontal. Que teoremas ou conceitos serviram de base para a resposta?
4. Se a resposta ao item 3 foi negativa, achar a interseção de MN com sua projeção sobre o plano horizontal.

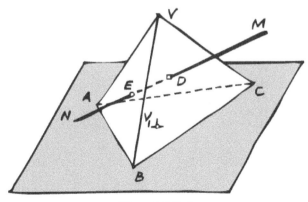

Fig. 5.30.4

Exercício 31

Representar um cubo e acrescentar uma moldura saliente que seja paralela às arestas e que envolva 4 faces.

A moldura poderá ser vertical ou horizontal; sua seção será um quadrado cujo lado seja igual a 1/6 da aresta do cubo.

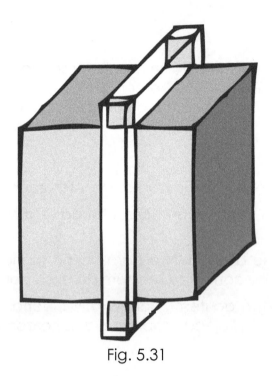

Fig. 5.31

Exercício 32

Semelhante ao exercício anterior, com a diferença de que a moldura seja oblíqua em relação a duas arestas, pelo menos.

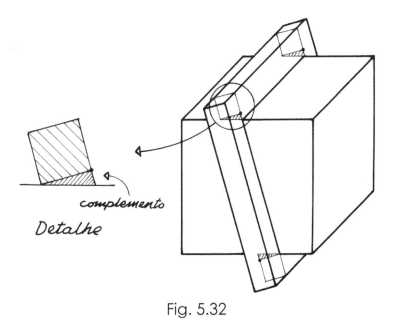

Fig. 5.32

Chegamos ao final da seqüência! Seja franco: você se sentiu frustrado por encontrar apenas uma série de exemplos?

Um livro – assim como o mundo – poderia comunicar seu tema por meio de *exemplos*, tudo o mais sendo redundante. A frase anterior (que deveria estar entre aspas) é de Oliver Sacks, neurologista, que em seu livro "Tempo de Despertar" (São Paulo. Companhia das Letras. 1997, p. 263) a atribui a Wittgenstein. O neurologista critica a visão atual "que reduz homens a máquinas, autômatos, fantoches, folhas em branco, fórmulas, números, sistemas e reflexos"... "... idéias... mecânicas e desumanas, e ainda mais perniciosas por não serem explicitamente percebidas e declaradas, admitidas." (p.260). Pouco adiante Sacks escreve: " E em *nenhum lugar* encontramos um mínimo de cor, de realidade, de simpatia; nenhum relato de experiência vivida, nenhuma impressão..." (p.262) Os grifos são do original.

Nossa intenção principal foi a de apresentar exemplos. Esperamos que os comentários de Sacks sirvam de apoio ao que foi visto e ao subtítulo seguinte. Ainda lembrando o neurologista: "As faculdades superiores [são] inteligência, imaginação, discernimento e senso de humor." (p. 55). Apelamos, pois, ao leitor para que use seu discernimento, sem esquecer suas demais faculdades.

• Comentários sobre os Exercícios e Seu Desempenho

Como já dissemos anteriormente, os exercícios propostos servem como ponto de partida para que o professor (ou o leitor) crie seus próprios problemas. Em função de resultados obtidos pelos alunos(as), o professor repete, estende, faz variações, discute cada assunto. Feito isto, o livro deixará de ser um repositório de regras, adaptando-se a diferentes estilos de aprendizagem e dando à sala de aula vida própria.

Número 1

O perspectógrafo ou instrumento para visualizar a representação de cubos e enfatizar o paralelismo de linhas tende a ser posto de lado pelas(os) alunas(os). Talvez elas(es) presumam que conhecem já o conceito básico; é possível que elas(es) saibam realmente! Acontece que não o aplicam sempre.

Alguns estudantes copiam o desenho feito no instrumento, porém sem se aterem ao desenho original, quando o desejável seria que copiassem a figura vista e a ampliassem, sem alterar, apenas fazendo pequenas correções onde elas fossem necessárias.

Após feitos os primeiros esboços, sugerimos que o professor apresente exemplos de como o exercício poderá ser apresentado. Há, geralmente, alunos(as) que ainda não tomaram contato com um projeto de Arquitetura, de Desenho Industrial ou de Engenharia, quais as suas etapas e como cada uma delas é apresentada.

Deve-se, pois, insistir em que o exercício de cópia do modelo deve ser repetido para diferentes posições do cubo, ainda que para o(a) aluno(a) ou leitor pareça ser desperdício de tempo e de papel.

O professor poderá utilizar o exercício para acentuar o domínio do traçado à mão livre, por meio de cores, da organização dos desenhos dentro das pranchas, do tipo de letras, etc. Convém, ainda, explicar que o esboço final será apresentado, juntamente com o esboço original do modelo feito no perspectógrafo, em papel no formato A3 (420 x 297 mm) que conterá a ampliação do esboço, de modo a dar-lhe acabamento.

O professor aproveita para fazer a apresentação **teórica de projeções** feitas sobre o vidro e de alguns **sistemas de projeções**, a saber: mongeanas, cavaleiras e isométricas. Exemplos, mais do que explicações longas! Evitar falar de projeções oblíquas ou cônicas neste primeiro contato; exibir livros e revistas com projetos relativos à área do curso (arquitetura, engenharia ou desenho industrial). O trabalho poderá ser repetido, a fim de dar margem à melhoria da apresentação gráfica, o passar a limpo.

Número 2

Orientação

As perguntas são, de modo geral, bem respondidas. Nem todas(os) as(os) alunas(os) relacionam a pergunta **d** com exercício anterior! Tanto este exercício como o anterior têm como objetivo a representação do paralelismo e da perpendicularidade, bem visíveis no estudo do cubo.

Deve-se enfatizar que os cubos são meios (linhas de construção) para se chegar ao desenho final, a mesa com pés quadrados, onde se deixam bem definidas as direções ou eixos.

Comentários

Trata-se de uma oportunidade de deixar bem claro o conceito de direções no espaço tridimensional. O abandono destes eixos levou à representação de imagens como A e B na Fig. 4.3 do capítulo anterior; contudo essas imagens **não devem** ser apresentadas aos alunos. Primeiro, porque são exemplos de como NÃO se deve desenhar, exemplos negativos. Segundo, por respeito à pessoa que exibiu seu parco domínio da representação espacial; mais proveitoso, nestes casos, é abrir a oportunidade para a aprendizagem de como representar aquilo que vê.

Número 3

Orientação

É uma oportunidade para desenvolver a visão ou imaginação espacial.

Aqui o(a) aluno(a) vai se familiarizar com convenções gráficas, que têm a função de fazer as figuras inteligíveis em qualquer parte do mundo, sem necessidade de explicações suplementares: o desenho como linguagem universal. Linhas finas, médias, grossas, tracejadas e linhas auxiliares têm funções específicas e tornam a estrutura bem clara.

Compreendendo Conceitos Espaciais

Comentários

As(os) alunas(os) percebem as diferenças de traços e as compreendem; entendem, também, a sua finalidade e necessidade. Em alguns trabalhos, surgem termos inadequados; o momento deve ser aproveitado para introduzir o vocabulário técnico: base ou face superior e inferior, arestas, prismas, face lateral e frontal, face posterior. Este cuidado vai evitar, na linguagem do aluno, a repetição de expressões como "face frontal" e "face occipital"!

Os exercícios 1, 2 e 3 foram apresentados em uma aula com duas horas de duração. O tempo é suficiente, mas, para obter melhor qualidade, os exercícios devem ser repetidos, de modo a permitir mais discussão e nova representação.

Número 4

Orientação

O objetivo é desenvolver a visão ou imaginação espacial. Enfatizar que não devem ser desenhadas linhas adicionais nas figuras apresentadas e que as respostas devem ser gráficas, pois muitas(os) alunas(os) tendem a apresentar deduções analíticas.

Comentário

Uma parte dos(as) alunos(as) percebe que se trata de um triângulo eqüilátero B_1AC e que sua altura AM é perpendicular à base.

Número 5

Orientação

As linhas indicadas podem e devem ser esboçadas na figura, porém o cálculo analítico, muito familiar para as alunas, deve ser desestimulado, de modo a valorizar a expressão gráfica.

Comentário

Nenhuma das(os) 41 alunas(os) teve a lembrança de explicar que retas que mais se afastam do pé da perpendicular serão maiores. Apesar da recomendação em contrário, muitos estudantes desenvolvem longos cálculos e raciocínios analíticos; sinal de que sua educação foi predominantemente analítica, pouco ou nada visual.

Número 6

Orientação

É desnecessário utilizar instrumentos de desenho, a menos que o(a) aluno(a) deseje armar a maquete. Neste caso, as três peças podem ser ampliadas.

Comentário

Apenas duas das 41 alunas(os) recorreram à maquete. Como elas se comunicam livremente, não há como verificar quantas delas necessitaram de apoio do modelo para compreender que as duas imagens são de mesmo objeto, porém visto de posições diferentes.

Concluído o exercício, será apresentada a terminologia que substituirá expressões inadequadas, como "vendo de lá para cá, olhando da direita", etc.

Número 7

Orientação

Serve como introdução do conceito de rotação e de rebatimento. Inicialmente, podemos solicitar que se faça esboço à mão livre e, posteriormente, que se utilizem instrumentos de desenho. Podemos, ainda, pedir que os demais quadrantes da circunferência sejam representados a partir da aplicação da simetria do quadrante dado. Tal simetria deve ser apenas insinuada pelo professor, deixando o crédito da descoberta para o aluno.

Inversamente, o professor informará claramente que a construção da circunferência em perspectiva cônica, na projeção cavaleira ou isométrica, habitualmente, se faz a partir das ordenadas de pontos.

Comentários

Algumas alunas se limitam a traçar ordenadas isoladas em lugar de representar todas as linhas de coordenadas ou quadrículas, tornando a transformação mais visual.

Número 8

Orientação

O objetivo é a representação da figura a partir de um novo ponto de vista. Que acontece quando o observador muda de posição. Pode-se falar de translação do observador ou de reflexão da figura.

Comentários

Grande parte das(os) alunas(os) teve dificuldade na percepção do novo ponto de vista. Entendida esta mudança, elas(es) esboçam rapidamente os planos: em poucos casos a inclinação da reta de interseção foi representada incorretamente. O ideal seria obter a projeção, no plano horizontal, dos dois pontos de interseção e, conseqüentemente, a projeção de MN a ser transferida para a nova vista.

Número 9

Orientação

Uma vez que a intenção deste estudo é treinar e desenvolver a imaginação espacial do leitor, deve-se enfatizar que se procuram soluções gráficas e não, cálculos ou demonstrações analíticas. Deve-se adiantar que a figura apresentada é meramente informativa ou ilustrativa, portanto, ela não é a mais adequada para obter respostas gráficas.

Comentários

Como se trata de efetiva demonstração de imaginação espacial, a concepção do aluno (boa ou má) fica evidente em seus esboços ou diagramas. De modo geral, as seções A e C não oferecem maior dificuldade. Os esboços a seguir mostram respostas típicas de alunas(os):

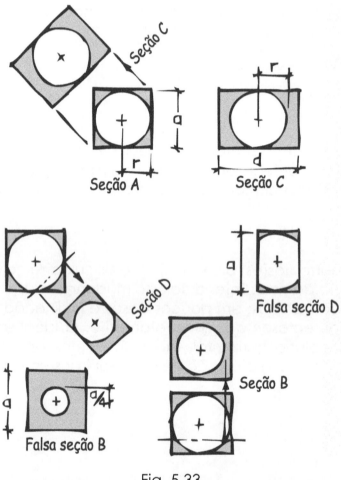

Fig. 5.33

A seção C é obtida a partir da seção A e muitas(os) alunas(os) determinam, por meio de **cálculos**, que a base do retângulo é igual à diagonal do quadrado, sem visualizar que esta medida e o raio da esfera podem ser obtidos na seção A.

Compreendendo Conceitos Espaciais

Representações falsas da seção B foram feitas como na figura 5.33 e, na seção C, erros foram cometidos na medida da diagonal. Na seção D, muitos retângulos foram desenhados com medidas corretas, porém a circunferência aparece como na falsa solução D, vista acima, onde o raio é o mesmo da esfera.

Todas estas falhas indicam compreensão visual deficiente, sendo resultado de falta de treinamento em representação espacial.

Número 10

Orientação

Retoma-se o estudo de visibilidade de linhas. Na primeira parte, é dispensável que o(a) aluno(a) repita a figura que serve de ponto de partida para o problema.

Pista para a segunda etapa: a figura é copiada mais rapidamente quando se observa que as interseções dos planos Q e R com o plano P estão sobre as diagonais do retângulo P.

Comentários

O exercício apresentou bons resultados. Ocorre reduzida quantidade de descuidos, que se tornam perceptíveis quando o professor interroga a(o) aluna(o) sobre questões de visibilidade de linhas. As próprias(os) alunas(os) reconhecem que deram pouca atenção a detalhes.

Número 11

Orientação

O exercício é um reforço do estudo de rotação e rebatimento. Deve-se considerar que se trata de um quadrado onde $\alpha = 45°$ e $k = \frac{1}{2}$, respectivamente direção das fugitivas e coeficiente de redução. Se esta terminologia vier a ser utilizada, o professor dará explicações sobre seu significado e uso na projeção cavaleira.

O(a) aluno(a) deve imaginar o quadrado no plano frontal e classificar o triângulo; à primeira vista, trata-se de um triângulo retângulo isósceles.

Numa 2ª. etapa do trabalho, para fins de confirmação, a(o) aluna(o) fará a rotação do quadrado já dividido por coordenadas. Observar que há 4 construções gráficas possíveis, vistas na Fig. 5.34, adiante. Devem ser evitadas as representações que levem à superposição de imagens.

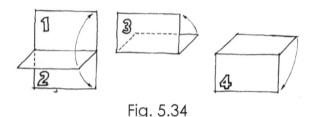

Fig. 5.34

Em função do desempenho dos alunos, podemos acrescentar o problema a seguir, que dispensa comentários, como reforço da aprendizagem.

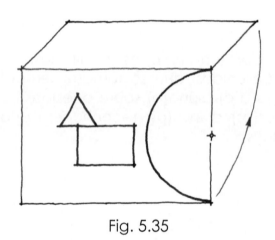

Fig. 5.35

Comentários

O triângulo da Fig. 5.11 aparenta ser isósceles, porém o traçado das coordenadas por meio de instrumentos mostra que se trata de triângulo retângulo escaleno.

Após este exercício de imaginação espacial, o(a) aluno(a) fará a rotação usando instrumentos de desenho, como no exercício 7.

Número 12

Orientação

É mais um exercício sobre reflexão e simetria. Que acaba envolvendo o conceito de visibilidade e de mudança do ponto de vista.

A fim de evitar superposição de linhas, o plano vertical, cuja posição no plano horizontal definirá o plano de simetria ou de reflexão, deve ser paralelo às retas **r** e **s**, porém sem contê-las.

Comentários

É relativamente comum a ocorrência de erros quando se usam as interseções de P com M **sem projetá-las** no plano horizontal de referência. Esta construção é mais cômoda do que utilizar um plano vertical paralelo a R e S e encontrar nele as interseções de cada reta que dirige a translação.

Trata-se de assunto importante, portanto deverá ser bem assimilado; o aparente desperdício de tempo é (re)compensado com correta compreensão.

Número 13

Orientação

O exercício pode ser apresentado à mão livre. Deve-se adotar um dos critérios:

A- A base é também uma face da pirâmide.

B- Quando se fala de face, presume-se que seja lateral.

Sem este cuidado, geram-se dúvidas nas respostas.

Sugerir que as respostas sejam apresentadas sob forma de quadros ou tabelas.

Comentários

Os(as) alunos(as) se estendem nas respostas e, em geral, fazem-no em seqüência escrita, sem preocupação de organizar e de sintetizar. Apesar disto, eles(as) se saem satisfatoriamente.

Número 14

Orientação

As(os) alunas(os) perguntam se o plano de referência ou final (o que vai ser representado) é horizontal ou vertical. Na verdade, qualquer opção é válida e não altera o resultado, uma vez que a prancha de desenho poderá estar em plano horizontal ou colada sobre parede vertical.

Comentários

Predominaram as respostas erradas, havendo 5% de acertos! Surgiram respostas do tipo abaixo:

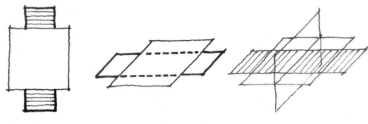

Fig. 5.36

Foi acalorada e longa a discussão sobre a posição do observador, embora ela em nada altere a resposta. Os debates esfriam diante da apresentação de modelo feito em cartão colorido: é ver para crer. Ou entender.

Número 15

Orientação

Trata-se de reforço da aprendizagem e corresponde ao inverso do problema proposto no comentário do exercício 11: rebater o plano horizontal sobre o vertical.

Comentários

As(os) alunas(os) olham a figura, que parece simples e tola. Porém, muitos desenhos apresentam erros grosseiros.

Acertos: 18%; incompletos: 30%; não desenharam: 52%.

Compreendendo Conceitos Espaciais

Número 16

Com exceção dos percentuais, valem os comentários e orientação do problema anterior.

Número 17

Orientação

Insistir na leitura atenta dos dados.

Comentários

A descrição foi feita por apenas 14% das(os) alunas(os)! É sinal de leitura descuidada.

11% dos(as) alunos(as) erraram a representação.

Número 18

Orientação

Serve para introdução do conceito de corte, tal como é praticado no desenho arquitetônico e no de máquinas. Deve ser explicada a diferença entre seção (plana) e corte, a convenção utilizada para a indicação de posição do corte (linha grossa com dois traços curtos e um longo), a colocação de letras consecutivas com a finalidade de definir o sentido da visada (corte AB ≠ corte BA), além da representação dos elementos que estão além do plano de corte.

Comentários

Surgem figuras onde h > l, indício de leitura incompleta ou descuidada. É comum a utilização de um único tipo de traço para o corte (seção), para os elementos além do plano de corte e para as linhas de construção. São os eternos desligados... que esquecem de representar os elementos adiante do plano do corte. (Dá vontade de puxar umas orelhas!...)

Número 19

Tudo ou quase tudo o que foi relatado no número anterior se aplica aqui.

Número 20

Orientação

Informar que há mais de uma maneira de resolver o problema, sem detalhar quais são: I) tomar uma das vistas dadas e representá-la como vista de baixo para cima e no sentido inverso da que está representada, ou seja, fazer o cubo visto num espelho colocado por trás do sólido; 2) planificar as faces do cubo; 3) fazer uma maquete.

Comentários

As alunas misturaram as alternativas 2 e 3, acima. Em termos práticos, não há raciocínio; apenas aplicação de conhecimento prévio. Nenhum dos alunos se aventurou na alternativa 1, acima.

Número 21

Orientação

A Fig. 5.21.1 mostrou o procedimento para obter e para representar a seção plana no cubo. Isto deve bastar para resolver o problema do cubo M. As figuras a seguir mostram a solução para os cubos N e P.

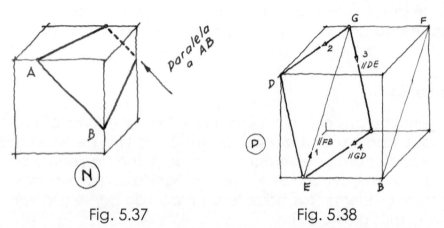

Fig. 5.37   Fig. 5.38

Compreendendo Conceitos Espaciais

Comentários

Estes problemas devem ser discutidos amplamente, até que a noção de paralelismo de retas e de faces ou de planos seja bem assimilada. A utilização de modelos de argila ou de isopor visualiza a marcha do raciocínio.

Número 22

Orientação

A Fig. 5.39, abaixo, mostra possíveis soluções. As(os) alunas(os) recebem cubos de isopor e neles indicam seções por meio de duas retas, cada uma em face adjacente. Estes modelos ou maquetes serão permutados entre si, de modo que cada aluna(o) fará a representação da seção riscada no sólido por um(a) colega.

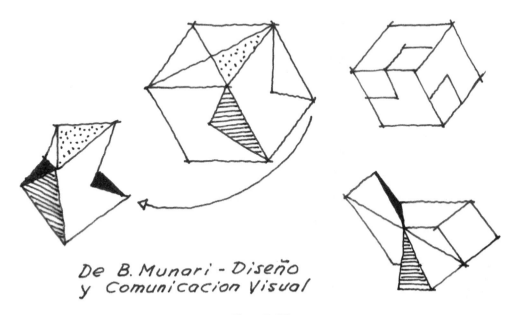

De B. Munari - Diseño y Comunicacion Visual

Fig. 5.39

Comentários

Este exercício não foi aplicado na sala de aula.

Número 23

Orientação

Se bem que seja possível resolver o problema na projeção cavaleira dada, é mais simples encontrar a solução em projeções mongeanas. Com a vantagem de familiarizar o aluno com este sistema de representação gráfica.

Comentários

Os erros encontrados foram decorrentes, em sua maior parte, de falta de atenção ao transpor medidas da figura dada para a prancha de desenho.

Número 24

Orientação

É recomendável esboçar o raciocínio que conduz à solução, antes de passar ao desenho a instrumentos. O exercício é uma aplicação do conceito de paralelismo.

Comentários

Parece inevitável o aparecimento de "justificativas" longas e a repetição de afirmativas e de conclusões; trata-se de remanescente da formação que privilegia a análise em prejuízo do grafismo, da intuição e da percepção espacial.

Surgem esboços pequenos e sem contraste de traços. Os "desligados" de plantão deixam de representar a reta paralela a E_1F_1.

Número 25

Orientação

Mais uma aplicação do paralelismo de retas e de planos; desta vez, o conceito é aplicado a figuras conhecidas e leva à introdução da interseção de reta e de prisma. Recomenda-se esboçar a seqüência de traçados e do raciocínio que fazem chegar à solução e, somente após esta etapa, começar o desenho a instrumento.

Comentários

A quantidade elevada de acertos indica que a resposta é intuitiva. Algumas alunas(os) esboçaram linhas auxiliares que seriam perpendiculares às arestas pertencentes ao plano horizontal: traçado dispensável e inútil.

Número 26

Orientação

O problema está embutido ou implícito em exercícios anteriores e é mais uma aplicação do paralelismo; pode ser visto como reforço da interseção de reta e de prisma.

Considerando que o conceito não havia gerado dúvida entre as(os) alunas(os), optamos por deixar de aplicar o problema a esta turma.

Número 27

Orientação

Pode ser visto como variante do exercício anterior. Este mesmo teste, quando aplicado em escola secundária nos Estados Unidos, foi corretamente resolvido por apenas 7% dos alunos; o resultado pode ser indicativo da falta de treinamento anterior em habilidades espaciais.

Não foi aplicado à turma de Arquitetura por exigüidade de tempo no calendário escolar.

Número 28

Orientação

A interseção do triângulo e do cubo se obtém por aplicação de paralelismo. De que maneira isto se traduz no esboço é percebido por quase todo(a) aluno(a), porém o local exato onde o triângulo "sai" do cubo depois de penetrar nele não é facilmente encontrado.

O esboço deverá ser completado por desenho a instrumento, seja na projeção dada, seja em projeções ortogonais.

Comentários

A percepção de grande parte das(os) alunas(os) foi correta. No entanto, elas(es) não são capazes de representar a posição exata da saída do plano/ triângulo. Na fase de discussão e esboço, podemos perguntar como (o)a aluno(a) faria se, em lugar de um triângulo, fosse dado um retângulo. E se o retângulo tivesse a mesma largura do cubo? Isto leva à descoberta do traçado correto.

Na seqüência, houve quem afirmasse que o triângulo, sendo prolongado, não encontraria o plano da base do cubo! Por outro lado, muitas(os) alunas(os) perceberam que, sendo o plano horizontal paralelo à face superior do cubo, a reta de interseção do triângulo com o PH deveria ser paralela ao lado do triângulo que está sobre a face superior. Para tais pessoas, o problema é encontrar a posição desta reta de interseção.

Número 29

Orientação

Vale a orientação do exercício anterior, uma vez que se trata de variante dele.

Comentários

Apesar da semelhança com o problema anterior, o índice de acertos foi muito baixo. O erro mais comum foi considerar a inclinação do triângulo como sendo definida pela reta **AC** (Por que não a reta **FC**?), esquecendo o plano vertical formado pelos catetos (**CC**$_1$

e **C₁D**), que deram origem ao vértice superior do triângulo da Fig. 5.29. Ver adiante Fig.6.29 no Capítulo 6 – Soluções.

Dois planos verticais auxiliares paralelos ao plano **CC₁D**, passando por **A** e por **F,** permitem obter a direção da reta de saída **MN**; sobre ela estão os pontos de interseção de **CA** e **CB** com a face do cubo.

Outra maneira de resolver o problema seria representar o retângulo que contém o triângulo e que tem a mesma largura do cubo. A inclinação deste retângulo é dada por **CD**.

Número 30

Orientação

À semelhança da Fig. 5.30.3, introduzimos um plano oblíquo P que passa pelo vértice V e contém os pontos M e N. Este plano determina a reta FG, que corta a base da pirâmide, e as retas VEF e VDG. Estando E e D sobre faces da pirâmide e sendo pontos de MN, concluímos que E e D pertencem à interseção da reta com a pirâmide.

Sobre as retas V₁F e V₁G encontramos as projeções horizontais E₁ e D₁ dos pontos E e D, respectivamente. Verificamos que EE₁ e DD₁ têm cotas/ alturas diferentes, logo a reta MN não é horizontal.

A reta E₁D₁ corresponde à projeção horizontal de MN e contém o ponto J: interseção de MN com sua projeção horizontal. Este ponto recebe em Geometria Descritiva o nome de TRAÇO: interseção de reta ou de plano com o plano horizontal de projeções.

Podemos verificar que as retas GF e E₁D₁ irão se encontrar no ponto J.

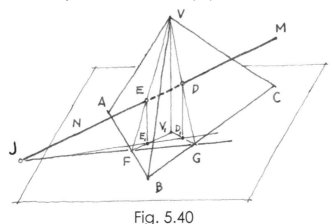

Fig. 5.40

Número 31

Orientação

Para evitar insegurança e dificuldades normais num assunto novo, podemos começar com uma faixa **bidimensional** paralela às arestas do cubo. Esboçada esta faixa, pode-se usá-la como apoio para introduzir uma vareta (a terceira dimensão) que, igualmente, dará a volta ao cubo.

A faixa inicial poderá ser vertical, como ilustrada na Fig. 5.31, ou horizontal.

Por não haver disponibilidade de tempo, o exercício deixou de ser aplicado.

Número 33

Orientação

Tendo representado o exercício anterior, o(a) aluno(a) deverá saber como tratar o assunto.

O exercício não foi aplicado em sala de aula.

Número 34 (Extra)

Orientação

Este exercício foi aplicado para servir de **verificação** do domínio de conhecimento dos alunos e de sua capacidade de imaginação espacial. Não houve discussão prévia.

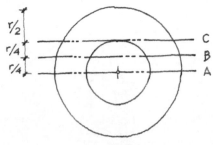

Fig. 5.41

Representar os cortes A, B e C no toro circular, sabendo que sua seção é circular.

Comentários

O resultados foram:

Corte A —— 80% de acertos

Corte B —— 37% de acertos

Corte C —— 20% de acertos

No total de 41 alunas e alunos, houve 7% de erros em todos os cortes e 13% dos desenhos não apresentavam resposta alguma.

De início, ficamos chocados com o fraco desempenho da turma. Julgamos que eram todos acomodados, para não falar de displicentes ou sem maior capacidade de raciocínio espacial. Por que tão severo julgamento?

O exercício havia sido aplicado para adolescentes de grau mais avançado do curso secundário (2º grau) na Rússia e eles acertaram 80% das respostas para o corte C! A conclusão, bem triste, era que os brasileiros, num curso universitário, estavam muito abaixo do nível dos adolescentes russos. Nossa única dúvida estava no fato de que a inteligência humana está distribuída em toda a população terrestre, sem contemplar raças ou fronteiras. Portanto, os brasileiros não são burros! (As exceções aparecem no mundo da política.)

Contudo, uma peça não encaixava: como explicar tão grande defasagem? O cientista N. F. Chetverukhin, da Academia de Ciências da Rússia, que primeiro planejou e aplicou aquele teste escreve que o corte C "determinou o limite aproximado do desenvolvimento de sua imaginação espacial." E mais adiante: " Uma grande variedade na escolha de figuras espaciais e de exercícios com estas figuras deve ter favorecido o desenvolvimento da imaginação espacial dos estudantes."

Tornou-se óbvio, para nós, que o segredo ou a explicação está no ensino de desenho e de geometria no curso médio, se não, também, no ensino fundamental. Os estudantes brasileiros não estão sendo treinados para desenvolverem suas habilidades espaciais. Em outras palavras: o bom ensino do desenho fez a diferença!

Devemos acrescentar que os estudantes russos fizeram esboços ou diagramas, desenhos à mão livre, e a nossa turma fez esboços e, também, traçados a instrumento. É claro que sem a **compreensão** da figura no espaço a resposta fica inacessível. Por outro lado, os russos tinham o estudo de geometria e de desenho à mão livre e a instrumento no curso médio: um reforço duplo. O fato que importa, no entanto, é que a aplicação melhora o desempenho.

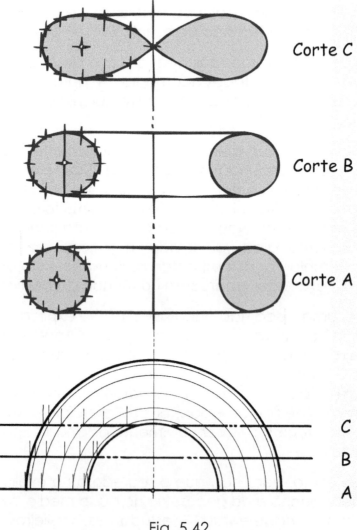

Fig. 5.42

Para tornar mais visível a falta que faz o desenho no ensino médio (pelo menos), aqui estão respostas obtidas em nossa experiência:

Compreendendo Conceitos Espaciais

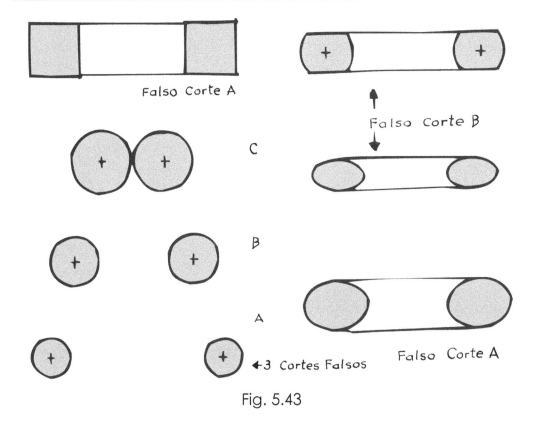

Fig. 5.43

Estas figuras revelam a falta do mais elementar conceito espacial e deverão servir de alerta para os educadores e políticos que votaram pela exclusão do desenho nos níveis médio e fundamental.

É possível que a turma obtivesse melhores resultados se, antes da verificação, houvéssemos feito o estudo do cilindro: aplicando cortes perpendiculares e oblíquos ao eixo.

Juntando estas observações, o sermão que havíamos imaginado para os alunos, vítimas de um currículo totalmente inadequado, foi substituído pelo que se segue na página seguinte: Sonhos de um Professor.

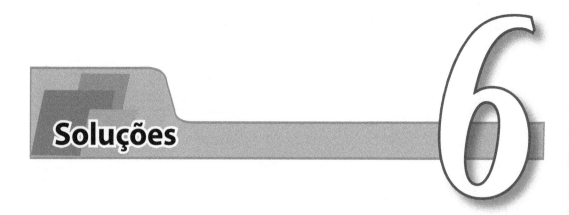

Antes de apresentar, no subtítulo seguinte, soluções para diversos problemas — não apresentadas no capítulo anterior – pedimos a indulgência do leitor para leitura do prometido sermão.

• Sonhos de um Professor

Vamos começar com as palavras de um cientista: "Os biólogos alertam para o fato de que a organização biológica não pode ser reduzida à organização físico-química." (Sacks,1997) "Assim, a função cerebral [...] das pessoas é complexa, sensível, repleta de mudanças e não se presta a uma análise de item por item; ao contrário, ela necessita ser examinada como um todo, como um mapa."

Os guias, os roteiros, as tabelas, os métodos e as regras afastam o pensamento da linha intuitiva, da imaginação. O que se costuma ver é a total inadequação de muitas estratégias lógicas ou mecânicas para resolver problemas, porque elas esquecem a inteligência, a intuição, a imaginação, a perspicácia.

Preferimos adotar, tanto neste livro como no ensino, uma linha ativa, não convencional e radical, onde cada pessoa usa procedimentos próprios, individuais e ela pratica e experimenta, em colaboração com o colega e com o professor; todos juntos atuando para aprender, ensinar, comunicar e compreender. Esta experiência será tanto melhor quanto mais se aproximar da realidade, não da teoria ou da filosofia.

Não estamos pregando a eliminação da filosofia e sim, defendendo o abandono da tradição, substituindo-a por um pensamento que seja autônomo, mais pessoal, alicerçado na compreensão geométrica.

Claude Bernard salientou que é viável atingir o ótimo possível em determinadas circunstâncias ou seja, pode-se tirar o melhor proveito das coisas (homeostase). Poincaré (1970) falava da existência de uma geometria mais cômoda, mais adequada a casos específicos. Por que não aplicar estes conceitos aos problemas geométricos? Foi esta a nossa tentativa neste livro. Se conseguimos acertar o alvo somente o futuro dirá.

Temos observado pouca pesquisa neste campo. Logo nos vêm à mente as palavras do Professor Aluízio Bezerra Coutinho(1985, p.21): " A quietude intermitente do crescimento do conhecimento científico em dada área específica não significa necessariamente abandono de toda pesquisa em tais domínios, mas simplesmente que não está havendo criatividade quanto à produção de hipóteses abrangentes... Nestas situações pode até haver grande atividade de pesquisa, mas inepta por improdutiva." Vamos, portanto, ter um pouco de paciência e aguardar.

Educar leva tempo e, talvez a pressa leve muitas instituições a dar/ensinar ao jovem coisas úteis para uma profissão. Estas instituições atendem as primeiras necessidades, mas não são instituições de formação.

Uma pessoa, ou sociedade, sem inteligência tende a importar pensamentos e a imitar atitudes. A inteligência é crucial e a aprendizagem é para a vida; assim, entendemos que o conhecimento se destina a melhorar a vida humana, tanto no aspecto pessoal como no profissional.

A escola, como cada aula, deveria envolver:

- Pensar criticamente.
- Viver criativamente.
- Decidir livremente.
- Agir eticamente.

É um sonho possível pensar uma escola onde se ensina, não o conhecimento, mas se ensina a aprender. Aprender a estudar, pesquisar, fazer experiência, errar e aprender com o erro, pensar por conta própria.

A tecnologia atual, mais exatamente, o computador e a rede de informações estão sendo usados mais como novidade tecnológica; que é muito atraente por sua capacidade de produzir efeitos dramáticos e pelo armazenamento de grande quantidade de informação em pedaços dispersos, às vezes, sem conteúdo e, muitas vezes, sem uma visão global. A nova tecnologia não está enriquecendo nossa vida mental, física ou cultural; ao contrário, ela está nos distraindo, privando-nos de autonomia, de maturidade e de compreensão.

No entanto, a tecnologia pode ser usada para atender às nossas habilidades e necessidades; ela deverá estar a serviço do homem e não, como agora, escravizá-lo a hábitos que beneficiam os produtos e os produtores da tecnologia.

Mais importante do que lançar novos produtos, seria desenvolver nossas habilidades de imaginação, de intelecto e de intuição para obter satisfação pessoal no trabalho e na vida, dentro de uma perspectiva ética. Esta proposta nos traz de volta ao poder da aprendizagem, tanto da criança como do adulto.

O armazenamento da informação não nos faz inteligentes, se antes não aprendermos a organizar, avaliar e aplicar a informação. Aprender não é absorver informação; é pensar, fazer perguntas, produzir hipóteses, analisar diferentes pontos de vista, duvidar, experimentar, compreender, trabalhar.

Perdoem-nos os leitores que chegaram até aqui, se ao invés de apresentar soluções, criamos expectativas. Assim, vamos às soluções dos exercícios.

• Soluções Gráficas

As páginas que se seguem apresentam a solução dos exercícios propostos e não incluídos nos comentários do Capítulo 5, acompanhados dos respectivos números. As figuras estão de cabeça para baixo a fim de evitar a tentação, consciente ou não, de ver o resultado sem antes haver procurado encontrar uma resposta.

Soluções

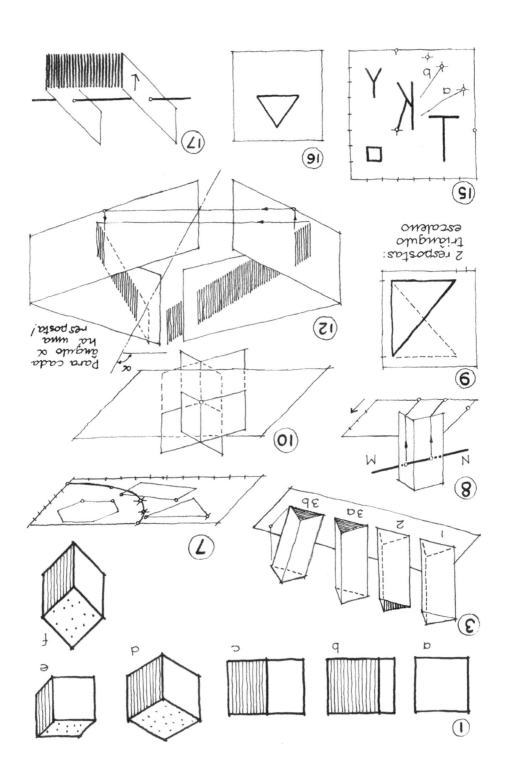

78
Inteligencia Visual e 3–D

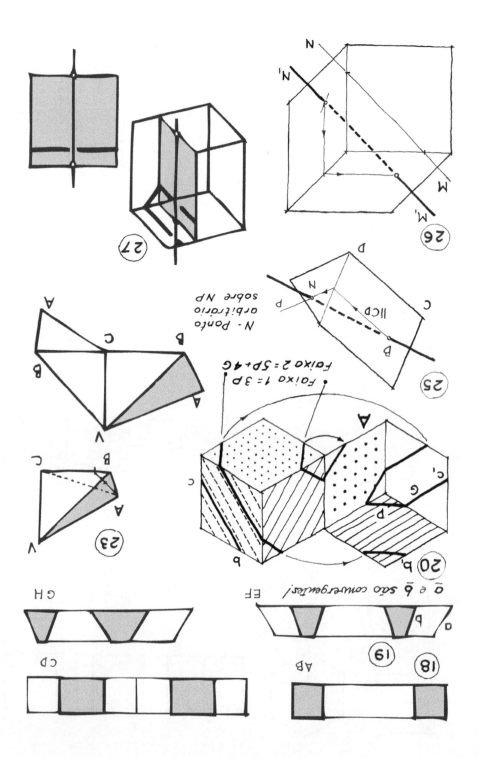

Soluções

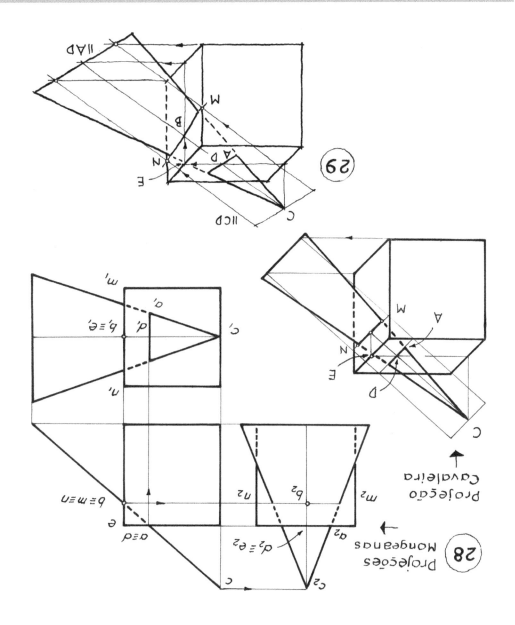

• Apêndice

em três partes

1ª Parte: O Que É GD

A Geometria Descritiva ou, abreviadamente, GD tem como objetivo a representação gráfica de objetos ou de projetos. Esta representação permite determinar dimensões, posições relativas e formas.

Existem MÉTODOS na GD para a representação bidimensional de objetos tridimensionais.

1º Método ou das Projeções

Existem, no espaço, três direções ou eixos que dão origem a três planos de projeção perpendiculares entre si. Cada plano fica definido por dois eixos:

Plano Horizontal......... Eixos X, Y
Vertical........................ "   Y, Z
de Perfil....................... "   X, Z

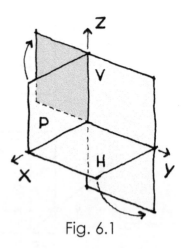

Fig. 6.1

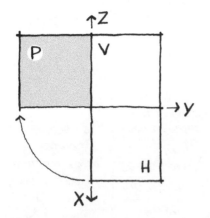

Dois planos são girados ou rebatidos (deitados) sobre um de seus eixos, de modo que a figura se torna bidimensional, como se vê ao lado.

Fig. 6.2

Soluções

O objeto A é projetado (arremessado, lançado) sobre cada um dos três planos de projeção, como mostra a figura abaixo.

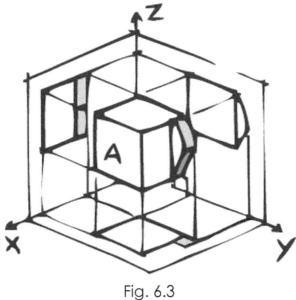

Fig. 6.3

Após o rebatimento dos três planos de projeção, temos

Objetos ou projetos mais complexos exigem maior quantidade de planos de projeção.

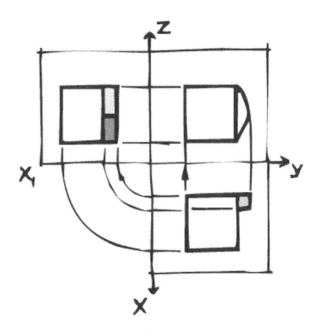

Fig. 6.4

2º método ou das Seções (Cortes)

Para conhecer o interior ou detalhes do objeto, poderá se tornar necessário fazer cortes ou seções.

Fig. 6.5

Alguns autores falam de método do rebatimento e método das rotações. Na verdade, são **artifícios** para melhor representar.

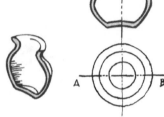

Fig. 6.6

para o estudo de GD

Nível médio:

Ardevan MACHADO – Geometria Descritiva

Gildo A. MONTENEGRO – Geometria Descritiva, 2ª edição – Editora Edgard Blücher

Álvaro RODRIGUES – Geometria Descritiva (Obra esgotada) – Livraria Agir

Nível Superior:

Angel Taibo FERNANDEZ – Geometria Descritiva (Obra esgotada) – Buenos Aires

Fernando Izquierdo ASENSI – Geometria Descritiva Superior y Aplicada – Editorial Dossat. Madrid.

Ardevan MACHADO – Desenho na Engenharia e Arquitetura (2 volumes) – São Paulo: Edição do Autor. 1980. (Obra esgotada)

Soluções

2ª parte: Verdadeira Grandeza

As faces da pirâmide ao lado são oblíquas.

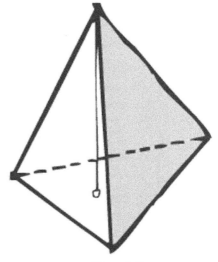

Fig. 6.7

Em GD, ela se representa assim:

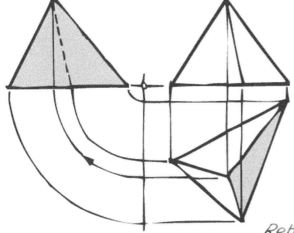

Fig. 6.8

Nesta figura, somente a base apresenta suas medidas reais ou "verdadeira grandeza". Para encontrar a verdadeira grandeza de uma face lateral é necessário rotacioná-la (girar) em torno de um lado e rebatê-la ou deitá-la sobre o plano horizontal.

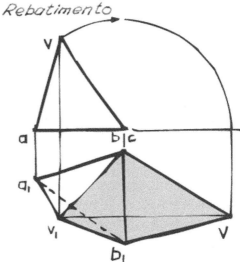

Fig. 6.9

3ª parte : Sistemas de Representação Gráfica

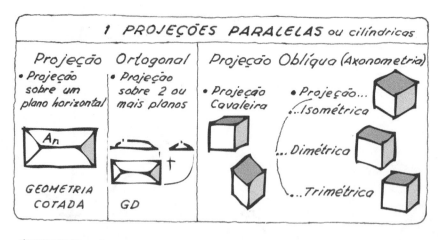

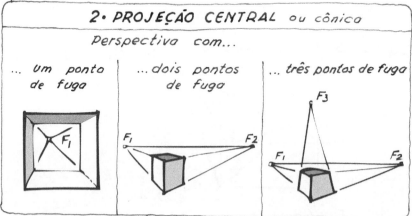

- Além destes, há outros sistemas de representação gráfica; portanto, a GD é apenas um caso particular.

- Um estudo bem desenvolvido encontra-se em Álvaro Rodrigues – Perspectiva Paralela – Rio de Janeiro - Imprensa Nacional, 1948 (Obra esgotada)

- Autores modernos reservam o nome de perspectiva para as projeções cônicas; assim, deve-se escrever projeção cavaleira, desenho isométrico, projeção dimétrica, etc.

- As projeções centrais (ou cônicas) e as axonométricas são estudadas no livro "A Perspectiva dos Profissionais" – Gildo A. Montenegro – São Paulo – Editora Edgard Blücher.

● Referências Bibliográficas

BERTALANFFY, Ludwig von. *Teoria Geral dos Sistemas*. Petrópolis: Vozes, 1973.

BRAUKMANN, J. *A Comparison of Two Methods of Teaching Visualization*. Boise: University of Idaho, 1991.

CHETVERUKHIN, N. F. *An Experimental Investigation of Pupils´ Spatial Concepts and Spatial Imagination*. Moscou: MIR, 1949.

COUTINHO, Aluízio Bezerra. *Da Natureza da Vida*. Recife: Editora Universitária UFPE, 1985.

DENO, J. A. *The Relationship of Previous Spatial Visualization Ability*. Site http:// www.nait.org acessado em 02-08-2003.

McGEE, M. G. *Human Spatial Abilities*. Site http://www.nait.org acessado em 02-08-2003.

POINCARÉ, Henri. *Ciência e Hipótese*. Alfragide, PT: Galeria Panorama, 1970.

SACKS, Oliver. *Tempo de Despertar*. São Paulo: Companhia das Letras, 1997.

SMITH, Roger. *Spatial Visualization in Engineering Graphics*. Des Moines: Iowa State University, 2002.